TRAUNER VERLAG
BILDUNG
Bildung, die begeistert!

Das St. Galler Management-Modell

ROLF DUBS

- Ganzheitliches unternehmerisches Denken

+ digitales Zusatzpaket

Kopier- und Vervielfältigungsverbot
Wir weisen darauf hin, dass gem § 42/6 UrhG kein Teil dieses Schulbuches in irgendeiner Form ohne schriftliche Genehmigung des Verlages reproduziert (kopiert) oder unter Verwendung elektronischer Systeme verarbeitet, vervielfältigt oder verbreitet werden darf.

Dieses Buch wurde auf Papier aus nachhaltiger Forstwirtschaft gedruckt.

Impressum

Dubs, Das St. Galler Management-Modell

Ganzheitliches unternehmerisches Denken

digitales Zusatzpaket

2. Auflage 2020

TRAUNER Verlag, Linz

Der Autor
Prof. Dr. Dres h.c. Rolf Dubs
em. Professor an der Universität St. Gallen

Approbiert für

- den IV.–V. Jahrgang an Höheren technischen und gewerblichen Lehranstalten im Unterrichtsgegenstand Wirtschaft und Recht
- den I.–V. Jahrgang an Handelsakademien im Unterrichtsgegenstand Betriebswirtschaft
- Höhere Lehranstalten für wirtschaftliche Berufe im Unterrichtsgegenstand Betriebs-und Volkswirtschaft

BMUKK-5.048/0001-B/8/2013 vom 28. Mai 2013.

Liebe Schülerin, lieber Schüler,

Sie bekommen dieses Schulbuch von der Republik Österreich für Ihre Ausbildung. Bücher helfen nicht nur beim Lernen, sondern stehen Ihnen auch im Berufsleben zum Nachlesen und Nachschlagen zur Verfügung.

Lektorat/Produktmanagement:
Christian Grimm, MSc
Gestaltung und Grafik: Bettina Victor
Titelgestaltung: Bettina Victor
Bildrechte: © VBK, Wien
Gesamtherstellung:
Samson Druck GmbH
Samson Druck Straße 171,
5581 St. Margarethen

ISBN 978-3-99113-050-5
www.trauner.at

Inhaltsverzeichnis

Aufgabenstellungen

für Videos, die mittels QR-Code bzw. Link aufgerufen werden können

für Downloads aus der TRAUNER-DigiBox (www.trauner-digibox.com)

STARTEN SIE IHR DIGITALES ZUSATZPAKET ZUM BUCH!

In der TRAUNER-DigiBox (www.trauner-digibox.com) finden Sie Ihr persönliches E-Book und die Zusatzmaterialien zum Buch:

- www.trauner-digibox.com aufrufen
- Einmal kostenlos registrieren
- Ihr digitales Zusatzpaket mit **Lizenz-Key** auf der Rückseite des Buches freischalten.

Einleitung

Oberstes Unternehmensziel ist die Erhaltung der **Existenz und Wettbewerbsfähigkeit des Unternehmens**. Leider orientieren sich dabei viele Unternehmen allein am Ziel der Gewinnmaximierung. Dies führt jedoch zu Fehlentwicklungen in der Wirtschaft und der Gesellschaft. Die Zukunft gehört daher einer neuen Form des Managements: Nur Führungskräfte, die nachhaltig und vorausschauend wirtschaften, werden gut gerüstet sein.

Das St. Galler Management-Modell bildet dazu einen **Orientierungsrahmen für ein vernetztes, ganzheitliches und zukunftsorientiertes unternehmerisches Denken.** Es verdeutlicht, dass besonders in der heutigen Zeit der Globalisierung und Digitalisierung, in der Komplexität und Interdependenzen stetig zunehmen, kein Unternehmen mehr isoliert einzelne Größen beeinflussen kann. Die Rückwirkung des eigenen Handelns auf das Ganze ist zu bedenken. Das Modell verdeutlicht außerdem, dass moralische Ansprüche der **Wirtschaftsethik** mit Wettbewerbsbedingungen in Einklang gebracht werden können.

In diesem Zusammenhang wird die Wirtschaftsethik mit dem normativen Management thematisiert. Dies geschieht in der Absicht, den Lernenden die auftretenden Zielkonflikte in Fragen der Wirtschaft näher zu bringen, damit sie sich bei wirtschaftlichen Problemen nicht mit Patentlösungen begnügen, sondern lernen im Dialog überlegt argumentieren zu können.

Das Buch selbst fördert die Kompetenzen der Lernenden, indem im Hauptteil sowie im Anhang Aufgaben für die Anwendung von Lern- und Denkstrategien dargestellt sind.

Das Buch ist eine wertvolle Zusatzlektüre für Lehrende und Lernende im Wirtschaftsunterricht!

Rolf Dubs

1 Eine umstrittene Situation in einem Unternehmen: Die Neuen Nachrichten

Viele Leute meinen, für Führungskräfte in Unternehmen sei es ein Leichtes, Entscheidungen zu treffen. Oft denken sie, die Entscheidungen würden allein nach den Kriterien des Gewinns getroffen: Eine Entscheidung ist immer auf den Gewinn auszurichten, und ein je höherer Gewinn erzielt wird, desto besser ist die Entscheidung.

Das Geschehen bei den Neuen Nachrichten soll Ihnen zeigen, dass die Wirklichkeit viel komplexer ist.

Am **Beispiel** der Entscheidungsfindung für die weitere Entwicklung sollen Sie erkennen, wie Führungskräfte der Wirtschaft oft verschiedener Meinung sind und der Entscheidungsfindung häufig große Meinungsverschiedenheiten vorangehen.

Viele Leute lesen unsystematisch und wenig aufmerksam. Wenn man die Lernstrategie „besser lesen, um zu lernen" anwendet, lernt man mehr und behält das Gelesene besser.

Lernstrategie
Besser lesen, um mehr zu lernen (siehe Anhang 1)

Aufgabe: Eine umstrittene Situation in einem Unternehmen: Wie soll es weitergehen?

Die Neue Nachrichten AG gibt seit über hundert Jahren die Regionalzeitung **Neue Nachrichten** heraus. In den letzten zehn Jahren konnten die **Neuen Nachrichten** mit allen konkurrierenden Regionalblättern individuelle Formen der Zusammenarbeit finden (vollständige Übernahme von Konkurrenzzeitungen, Minderheitsbeteiligungen, Zusammenarbeitsverträge zur gemeinsamen Herausgabe einer regionalen Zeitung). Wegleitend für diese Zusammenarbeit war, dass die Neue Nachrichten AG nie eine feindliche Übernahme plante, sondern immer abwartete, bis ein Konkurrenzunternehmen erkannte, dass es infolge der kostspieligen technologischen Entwicklung im Druckereigewerbe und wegen der hohen Redaktionskosten nicht mehr überlebensfähig war und selbst die Zusammenarbeit suchte. Inzwischen gibt die Neue Nachrichten AG zehn Zeitungen im Kopfblattsystem heraus, d. h., jede der zehn Zeitungen umfasst die Hauptteile der Neuen Nachrichten und einen starken eigenen Redaktionsteil. Inzwischen ist dieser Zeitungsverbund das einzige Printmedium in der Region, das täglich erscheint.

Deshalb wird in der Öffentlichkeit immer wieder über die Monopolstellung der **Neuen Nachrichten** debattiert.

Finanziell ist die Neue Nachrichten AG kerngesund. Dank jahrelanger guter Gewinne verfügt sie über hohe finanzielle Reserven.

Vor fünf Jahren haben sich die Eigentümer (fünf Brüder) der Neuen Nachrichten AG intensiv mit der Zukunft des Unternehmens beschäftigt und entschieden, es zu einem umfassenden Medienhaus für die ganze Region auszubauen und, dem Trend der Zeit folgend, in Form von eigenständigen Unternehmen einen Gratisanzeiger, ein Lokalradio, ein Regionalfernsehen sowie ein Internetsystem für die Zeitung und Insertionen aufzubauen. Eine sorgfältige Finanzplanung zeigte, dass diese Projekte problemlos aus den Gewinnen der Zeitungen und der vier verbleibenden Druckereien (der eigenen und drei mit den jeweiligen Zeitungen übernommenen) finanziert werden konnten. Beim Regionalfernsehen wurde mit einem jährlichen Verlust von drei Millionen Euro während fünf Jahren gerechnet. Für die übrigen neuen Bereiche sah man bescheidene Gewinne vor.

Die fünf Brüder hatten übereinstimmend die gleichen Zielvorstellungen: Als umfassendes Medienhaus wollen sie auch eine gesellschaftlich wichtige Aufgabe erfüllen, nämlich sorgfältig redigierte politische, wirtschaftliche und regionale Nachrichten und Informationen zu vermitteln, um der Bevölkerung zu helfen, das Geschehen besser zu verstehen. Deshalb wollen sie sich auch um große Meinungsvielfalt in allen ihren Medien bemühen und auf Sensationelles verzichten.

Die Verwirklichung aller vier Projekte verlief reibungslos, und die vorgesehenen finanziellen Ergebnisse konnten erreicht werden, wenn auch beim sehr teuren Regionalfernsehen immer wieder Abstriche gemacht werden mussten, um den vorgesehenen Verlust nicht zu überschreiten.

Von einem unerwarteten konjunkturellen Einbruch vor Jahresfrist waren das Inseratengeschäft der Zeitungen und die Druckereiaufträge massiv betroffen, sodass die Geschäftsleitung für die kommenden zwei Jahre einen neuen Finanzplan unter drei Annahmen entwickelte:

- die Erträge aus dem Inseraten- und Druckereigeschäft verbessern sich nicht;
- alle Bereiche (Zeitung, Gratiszeitung, Radio, Fernsehen, Internet) werden im Sinne des umfassenden Medienhauses fortgeführt;
- alle Kosten können stabil gehalten werden.

Unter diesen Voraussetzungen ergäbe sich für alle Gesellschaften zusammengenommen (konsolidiert) für die nächsten zwei Jahre noch ein Gewinn von dreieinhalb Millionen Euro jährlich nach Abschreibungen und Steuern (gegenüber zehn bis sechzehn Millionen Euro in den vergangenen Jahren).

In der heutigen Sitzung der fünf Brüder wird über die Lage des Unternehmens eine Aussprache geführt, deren Ziel es ist, das weitere Vorgehen festzulegen. Im Folgenden wird ein Ausschnitt aus der Aussprache unter den Brüdern wiedergegeben.

Vorsitzender A: *Wir entnehmen dem Finanzplan für die nächsten zwei Jahre, dass wir in den nächsten zwei Jahren noch einen Gewinn von dreieinhalb Millionen Euro pro Jahr erzielen. Dieser kleine Gewinn engt nicht nur unsere Flexibilität ein, sondern er könnte uns auch schaden, denn sollte die Öffentlichkeit vom Gewinnrückgang erfahren, könnte sie das Vertrauen in unser Unternehmen verlieren. Würden wir unser Verlust bringendes Fernsehen einstellen, würde sich der Gewinn wenigstens auf sechseinhalb Millionen Euro erhöhen.*

B: *Ich bin völlig gegen die Einstellung des Fernsehens. Erstens hatten wir vor einigen Jahren die Vision eines führenden, umfassenden Medienhauses in unserer Region. Wir wären doch unglaubwürdig, wenn wir wegen eines vorübergehenden wirtschaftlichen Einbruches einen Einstellungsentscheid so unvermittelt treffen würden. Zweitens ist es gelungen, ein qualitativ gutes Fernsehen aufzubauen, das sich von den häufig oberflächlichen Privatsendern unterscheidet.*

Deshalb erfüllen wir eine gesellschaftlich wichtige Aufgabe. Solange wir insgesamt einen Gewinn erzielen, kommt für mich eine Schließung nicht in Frage.

C: *Ich bin gegenteiliger Meinung. Selbst wenn wir früher ein umfassendes Medienhaus wollten, müssten wir uns den veränderten Umständen anpassen. Ich glaube angesichts des raschen Wandels sowieso nicht mehr an den Sinn solcher idealistischen Vorstellungen und einer langfristigen Planung. Ein Unternehmen, bei der es Verlust bringende Bereiche gibt, die nicht zur zentralen Aufgabe – in unserem Fall der Herausgabe von Zeitungen – gehören, muss diese Bereiche verkaufen oder stilllegen. Alles andere hat wirtschaftlich keine Zukunft.*

D: *Zwar haben die Kommissionen des Parlaments, die ein neues Radio- und Fernsehgesetz erarbeiten, dem Gebührensplitting zugestimmt, ob das Parlament selbst zum gleichen Schluss kommt, ist offen. In jedem Fall wird dieser Entscheid in zwei Jahren getroffen, was uns Verluste von sechs Millionen Euro beschert. Das können wir uns nicht leisten – gesellschaftliche Aufgabe hin oder her.*

E: *Ich selbst glaube an die Wichtigkeit langfristiger Ziele, die sich nicht nur am Gewinn orientieren. Wir müssen aber überprüfen, wie sich das Ganze entwickelt, bevor wir eine Entscheidung treffen. Zu klären sind folgende Fragen:*

- *Ließe sich bei den zehn Zeitungsredaktionen, den Redaktionen des Gratisanzeigers, Radios und Fernsehens durch bessere Zusammenarbeit etwas einsparen (indem man beispielsweise nur noch ein Desk für Sport oder für Wirtschaft hat, das alle Bereiche unseres Unternehmens zentral bedient)?*
- *Müsste man nicht die Werbung besser abstimmen, indem über gewisse Ereignisse in allen Medien berichtet und die Werbung damit verknüpft würde, um Synergieeffekte auszunützen?*
- *Könnte man allenfalls alle drei Druckereien zentralisieren, eine Frage, die ohnehin aktuell wird, wenn die nächste Druckmaschinengeneration auf den Markt kommt, die viel produktiver sein wird?*
- *Ich rechne damit, dass solche Maßnahmen zu großen Kosteneinsparungen führen könnten, sodass sich unser Problem entschärft.*

C: *Aber nicht löst. Die Ungewissheiten sind groß. Und wir wollen mit unserer Planung hingehen und eine Zersplitterung optimieren. Heute spricht jedermann davon, dass man sich auf die Kernkompetenzen konzentrieren muss. Zudem haben wir nicht mehr viel Zeit zur Planung. Wir müssen sofort handeln, um die Gewinnsituation kurzfristig zu verbessern.*

B: *Jetzt sind wir wieder bei unseren alten Streitpunkten: kurzfristiges und langfristiges Denken sowie Gewinnmaximierung und Gewinne unter Nebenbedingungen, indem wir als gutes Medienhaus auch eine gesellschaftliche Aufgabe wahrnehmen.*

A: *Diese Diskussion will ich heute nicht führen. Nehmen wir doch die Idee von E auf: Ließe sich durch eine umfassende Überprüfung aller betrieblichen Abläufe und der Gesamtorganisation das Ziel einer Kostensenkung erreichen?*

D: *Ich bin dagegen. Bloße Kostensenkungsprogramme haben noch nie etwas gebracht. Wenn schon, so müssen wir uns doch überlegen, was wir eigentlich insgesamt mit unserem Unternehmen wollen. Also müssen wir uns zuerst über unsere künftigen Absichten unterhalten.*

E: *Ich bin gleicher Meinung. Angesichts der jüngsten Entwicklungen, auch der sich abzeichnenden Probleme im Verhältnis Zeitungen – Internet, müssen wir uns auf einen umfassenden Wandel vorbereiten. Das heißt für mich: Wir müssen unsere Vision überdenken.*

Usw. Während der gesamten Sitzung konnten sich die fünf Brüder nicht einigen.

Gebührensplitting heißt: von den staatlich festgelegten Radio- und Fernsehgebühren wird ein bestimmter Teil den Privatanbietern überwiesen – der Anteil der staatlichen Radio- und Fernsehanstalt wird also entsprechend gekürzt.

Aufgaben: Auswertung dieser Situation

1. Welche Grundeinstellung zum wirtschaftlichen Denken und Handeln erkennen Sie bei jedem der fünf Brüder?
2. Warum ist es schwierig, in dieser Situation zu einer gemeinsamen Lösung zu kommen?
3. Welche Meinung würden Sie selbst vertreten? (Begründen Sie Ihre Meinung.)

2 Das herkömmliche unternehmerische Denken

Eine PPT-Präsentation zu den Inhalten dieses Buches finden Sie in der TRAUNER-DigiBox.

In einem späteren Kapitel wollen wir in einem Modell über das Unternehmen betrachten und darstellen, wie ein Unternehmen in die gesamte Umwelt eingebettet ist, seine Leitung also nicht nach Lust und Laune schalten und walten kann, sondern auf seine Umwelt Rücksicht nehmen muss. Ein **Modell** ist ein vereinfachtes Bild der Wirklichkeit.

Ein Unternehmensmodell beschreibt das Wesen eines Unternehmens in einer allgemein gültigen Form und erklärt alle Zusammenhänge, die es betreffen. Damit soll das Verstehen des Geschehens und aller Abläufe in ihm und darum herum erleichtert werden. Ein Modell stellt immer eine Vereinfachung und Verallgemeinerung dar, mit der es möglich werden sollte, komplexe Vorgänge besser zu durchschauen und zu beurteilen. Deshalb ist immer zu beachten, dass die Wirklichkeit nie in jeder Einzelheit so ist, wie es im Modell abgebildet ist.

Vorüberlegung:
Was erwarten Sie von einem Unternehmensmodell?

Bevor das Unternehmensmodell dargestellt werden kann, müssen wir uns mit dem unternehmerischen Denken in der Vergangenheit und Zukunft auseinandersetzen.

Zuerst sollen Sie die Merkmale des unternehmerischen Denkens am Prinzip der **Gewinnmaximierung** verstehen und diese kritisch beurteilen können.

2.1 Die Unternehmen und sein Gewinn

Es gibt viele Gründe dafür, weshalb einzelne Menschen Unternehmen gründen: Motivation (Antrieb); bei der bisherigen Tätigkeit bleiben, aber sich selbstständig machen; seine Arbeit selbst gestalten können; spezielle Kenntnisse und Fähigkeiten, die man frei entfalten möchte; Persönlichkeitsmerkmale wie Initiative, Tatkraft und Kontaktfreudigkeit; aber auch um Gewinne zu erzielen, um reich zu werden.

Globalisierung heißt: weltumspannende Verflechtung des Wirtschaftslebens, die zur Entstehung eines einzigen, globalen Marktes (Güter-, Finanz-, Kapital- und Arbeitsmarkt) führt.

Früher entschieden sich viele Leute aus eher idealistischen Gründen für eine Unternehmensgründung. In unserer Zeit der Globalisierung und der Konzerne richtet sich das Interesse aber immer stärker auf die Gewinnerzielung. Allerdings sind es nicht nur die Unternehmer und Manager, die sich am Gewinn orientieren, sondern es sind weite Kreise in unserer Gesellschaft: Die Kapitalgeber erwarten eine hohe Rendite für ihr eingesetztes Kapital, die Pensionisten erwarten eine hohe Pension, der Staat hohe Steuereinnahmen und die Mitarbeiter in Unternehmen und beim Staat stets steigende Löhne. All dies ist nur dann möglich, wenn Unternehmen Gewinne erzielen.

Unternehmer und Manager: Unternehmer sind Eigentümer, Manager leitende Mitarbeiter eines Unternehmens. Oft werden sie auch als Führungskräfte eines Unternehmens bezeichnet.

Deshalb berichten die Medien fortlaufend über die Gewinnentwicklung der Unternehmen. Und so erhöht sich der Druck auf die Unternehmer und Manager, möglichst hohe Gewinne zu erzielen.

In vielen Diskussionen über den Gewinn werden leider die verschiedenen Formen des Gewinns zu wenig genau unterschieden. Als Folge davon entstehen viele Missverständnisse. Deshalb ist es wichtig, das Grundschema im Kopf zu haben:

Erlöse aus den erbrachten wirtschaftlichen Leistungen
–Aufwände für die erbrachten wirtschaftlichen Leistungen

Gewinn aus den erbrachten wirtschaftlichen Leistungen (Betriebsgewinn I oder Earnings before Interests, Taxes, Depreciation and Amortisation [EBITDA]
–Abschreibungen und Wertverminderungen

Betriebsgewinn II oder Earnings before Interests and Taxes [EBIT])
–Zinsen

Betriebsgewinn III oder Gewinn vor Steuern
–Steuern

Unternehmensgewinn (Reingewinn)

Zum Überlegen:

1. Für welchen Gewinn interessieren sich die Kapitalgeber zuerst?
2. Wie können die Unternehmen diesen Gewinn beeinflussen?
3. Welcher Gewinn sagt am meisten über die betriebliche Leistungserbringung (Wertschöpfung) aus?

2.2 Die traditionelle Denkweise in der Unternehmensführung

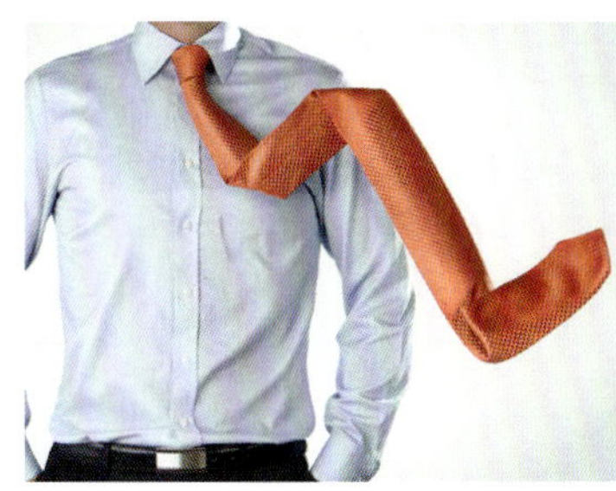

Das traditionelle Verständnis der Führung eines Unternehmens orientiert sich allein an der Gewinnerzielung. Viele Modelle gehen dabei vom Ziel der Gewinnmaximierung aus, d. h., die Unternehmer und Manager treffen alle Entscheidungen nur am Kriterium der Gewinnmaximierung. Wie sie dies tun, kann mit dem traditionellen Denkmodell erklärt werden (siehe Abbildung).

Traditionelles Denkmodell

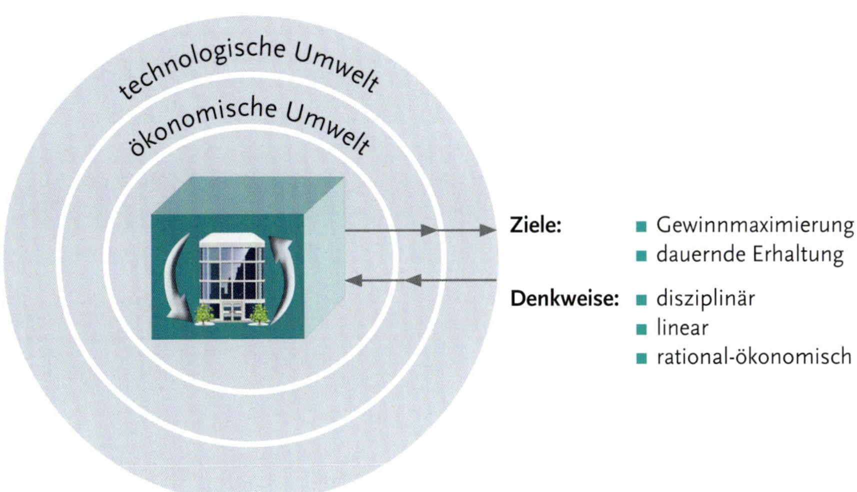

Bevor eine Entscheidung getroffen wird, beobachten und analysieren die Unternehmen Vorgänge und Trends in der **ökonomischen Umwelt** (sie analysieren die Entwicklungen auf den Güter- und Dienstleistungsmärkten sowie den Arbeits- und Kapitalmärkten) und in der **technologischen Umwelt** (Forschung und Entwicklung), um abzuleiten, in welche Richtung sie sich in Zukunft entwickeln sollen. Üblicherweise entwirft ein Unternehmen mehrere Möglichkeiten und wählt eine aus. Die Kriterien für seinen Wahlentscheid sind einzig und allein die **Gewinnmaximierung** und die **dauernde Erhaltung des Unternehmens,** d. h., es fragt sich, welchen Weg der künftigen Entwicklung das Unternehmen beschreiten soll, um den höchstmöglichen Gewinn zu erzielen und damit sicherzustellen, dass das Unternehmen dauernd erhalten bleibt.

Zum Überlegen:
Der Gewinn und die Mitarbeiterzahl in einem Unternehmen entwickeln sich wie folgt:

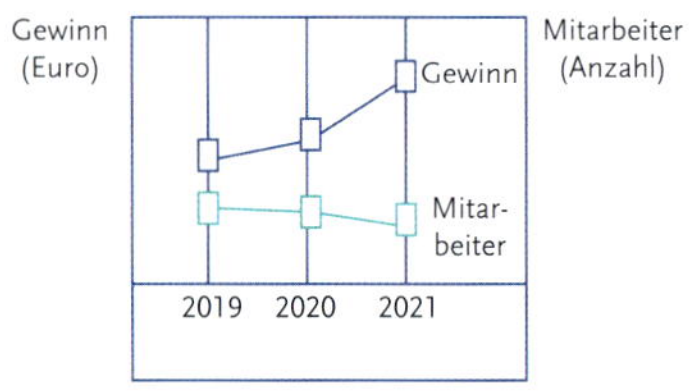

Welche Gründe können für diese Entwicklung verantwortlich sein?

In einem anderen Unternehmen sieht das Bild folgendermaßen aus:

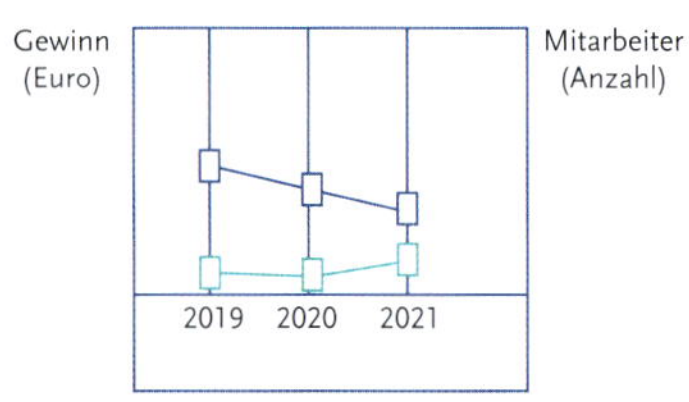

Was könnte sich in diesem Unternehmen abspielen?

Zum Überlegen:
Sie hören folgende Aussage: „Viele Unternehmen verlegen ihre Produktion in Billiglohnländer und rationalisieren ihre Produktionsabläufe, um Personal zu entlassen und ihre Gewinne zu maximieren. Die Kosten für die Arbeitslosen müssen der Staat und damit die Steuerzahler tragen.“ Wie denken Sie darüber?

Lernstrategie
Verlässlichkeit von Aussagen beurteilen (kritisches Denken) (siehe Anhang 2)

Andere als diese beiden ökonomischen Kriterien für die Entscheidung betrachtet es nicht. Die Gewinnmaximierung bleibt die treibende Kraft für das Geschehen im Unternehmen.

Diese traditionelle Denkweise wird durch zwei Merkmale charakterisiert:
- Die unternehmerische Denkweise ist **disziplinär**, d. h., es werden nur rational-ökonomische Überlegungen angestellt (das betriebswirtschaftliche Denken prägt alles).
- Sie ist **linear**, d. h., es wird nur anhand eines einzigen Kriteriums im Sinne von Wenn-Dann entschieden (wenn uns diese Lösung mehr Gewinn bringt, dann wählen wir sie).

2.3 Die Folgen dieser traditionellen Denkweise

Sicher hat dieses gewinnmaximierende Denken den wirtschaftlichen Fortschritt der letzten hundert Jahre und damit den Wohlstand (die steigende Menge von verfügbaren Gütern und Dienstleistungen) gefördert, weil das Gewinnstreben einen starken Antrieb für die wirtschaftliche Tätigkeit gab. Leider verleitete es aber auch zu Übertreibungen und Fehlentwicklungen in der wirtschaftlichen und gesellschaftlichen Entwicklung.
- Viele Unternehmen vernachlässigen aus Kostengründen **Umweltschutzmaßnahmen**.
- Schon früh förderte das lineare Denken die **Massenproduktion.** Um mehr Gewinne zu erzielen, versuchten viele Unternehmen gleiche Produkte in größeren Mengen herzustellen, um billiger zu produzieren, damit bei gleich bleibenden Preisen höhere Gewinne erzielt werden können. Sie übersahen aber, dass die Konsumenten immer mehr Güter verschwendeten, was insgesamt eine Überbeanspruchung der natürlichen Ressourcen bedeutete. Deshalb wurde der Umweltschutz zu einem ständig größeren Problem.
- Mit der Globalisierung begannen immer mehr Unternehmen ihre **Produktion in Billiglohnländer** zu verlagern, um dank tieferer Lohnkosten ihre Gewinne zu erhöhen (oft aber auch, um mit tieferen Verkaufspreisen konkurrenzfähig zu bleiben). Die Folgen dieser Produktionsverlagerungen sind billigere Produktionskosten, womit sich die Gewinne der Unternehmen erhöhen. Zugleich werden in vielen Fällen Arbeitsplätze abgebaut, sodass der Staat Arbeitslosenentschädigungen zahlen muss. Sehr oft wird dann den Unternehmen vorgeworfen, „sie bereichern sich und überlassen die Arbeitslosenentschädigung dem Staat“.
- Die Gewinnmaximierung verleitet häufig zu **kurzfristigem Denken und schnellen Entscheidungen,** um über gute Gewinnergebnisse zu berichten. So kürzt beispielsweise ein Unternehmen seine Kosten für die Entwicklung neuer Produkte, oder es schreibt weniger ab. Damit gefährdet es aber die langfristige Erhaltung des Unternehmens.
- Vor allem unter amerikanischem Einfluss stehende Führungskräfte fördern die kurzfristige Gewinnmaximierung im Interesse ihrer **eigenen Löhne** (gewinnabhängige Lohnsysteme, Boni).
- Unüberlegtes, kurzfristiges Denken und Handeln von Führungskräften führt häufig zu **Kritik an der Unternehmensführung und an der Marktwirtschaft.** Auch wenn sie oft unbedacht und polarisierend ist, behindert sie eine positive gesellschaftliche und wirtschaftliche Entwicklung.

3 Ein ganzheitliches unternehmerisches Denken

Im vorangehenden Kapitel haben wir die Fehlentwicklungen dargestellt, die durch die Zielvorstellung der Gewinnmaximierung entstanden sind. Seit langem suchen deshalb Theoretiker und Praktiker nach einem Modell für ein ganzheitliches unternehmerisches Denken. Unbestritten bleibt dabei, dass jedes Unternehmen einen Gewinn erzielen muss, denn der Gewinn ist die Triebkraft jeder freien Wirtschaft. Deshalb kann auf den Gewinn nicht verzichtet werden. Gewinnmaximierung soll aber nicht mehr das Ziel sein. Angestrebt wird vielmehr ein **Gewinn unter Nebenbedingungen,** d. h., der Gewinn muss mindestens so hoch sein, dass ein Unternehmen dauernd erhalten bleibt (es aus dem Gewinn neue Produkte entwickeln und in neue Anlagen investieren kann). Zusätzlich soll es aber in vernünftiger Weise andere Aspekte in das Gewinndenken mit einbeziehen (z. B. Verzicht auf den maximalen Gewinn, weil zusätzliche Maßnahmen für den Umweltschutz getroffen werden, gute Arbeitsbedingungen für alle Mitarbeiter).

Investitionen heißt: Einsatz finanzieller Mittel zur Beschaffung von Anlagen.

Sie sollen das unternehmerische Denken mit dem Ziel eines Gewinns unter Nebenbedingungen erklären und die damit verbundenen Probleme verstehen können.

Zum Überlegen:
Wer ist an welchem Gewinn gemäß Definition auf Seite 9 interessiert?

3.1 Die Unternehmen mit einem Gewinn unter Nebenbedingungen

Die beschriebenen Fehlentwicklungen des gewinnmaximierenden Denkens können nur überwunden werden, wenn die Führungskräfte von Unternehmen ihre Entscheidungen nicht mehr nur auf die Entwicklung der ökonomischen und technologischen Umwelt ausrichten. Ihr Denken und Handeln muss auch auf die Ansprüche der **sozialen Umwelt** (Mitarbeiter, Gesellschaft, Staat) und der **ökologischen Umwelt** (natürliche Umwelt und Nachwelt) bezogen sein. Damit wird die Abbildung des traditionellen Denkmodells (siehe Seite 9) zum modernen Denkmodell erweitert:

Modernes Denkmodell

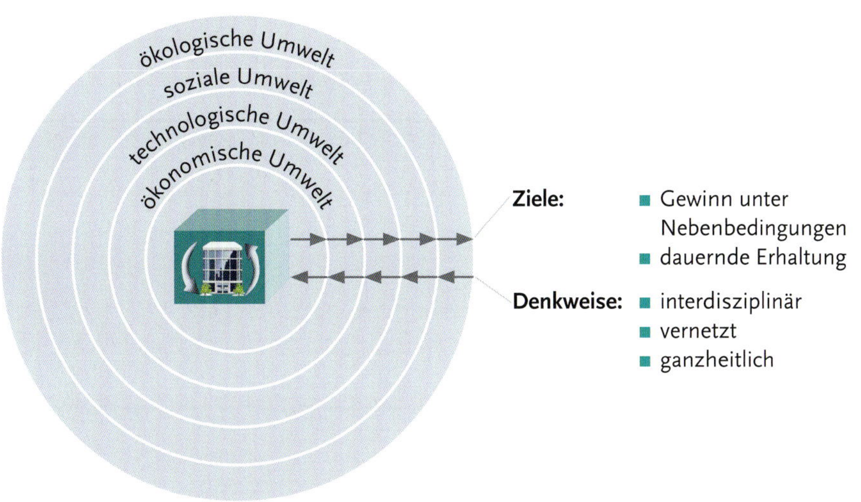

Denkstrategie
Vernetztes Denken
(siehe Anhang 3)

Bevor Entscheidungen getroffen werden, beobachtet und analysiert das Unternehmen die Entwicklungen und Trends in allen vier Umweltsphären. Dadurch wird die Denkweise **interdisziplinär** (man beschränkt sich nicht mehr nur auf das Ökonomische und Technologische) und **vernetzt** (man betrachtet alle Abhängigkeiten und Wechselwirkungen der wirtschaftlichen Einflussfaktoren mit allen anderen gesellschaftlichen und ökologischen Einflussfaktoren). Das unternehmerische Denken wird ganzheitlich. Auf diese Weise orientiert sich das Unternehmen nicht mehr nur an den Interessen der Kapitalgeber (Eigentümer oder Investoren = Shareholder), sondern auch an den Bedürfnissen und Ansprüchen aller anderen Interessierten (Stakeholder: Mitarbeiter, Kunden, Lieferanten, Staat, NGO's). Viele dieser Ansprüche beeinflussen die Kosten des Unternehmens (z. B. Lärmschutzmaßnahmen, Gesundheitsschutz für die Mitarbeiter), womit das Unternehmen nur noch einen **Gewinn unter Nebenbedingungen** erzielen kann.

Zum Überlegen:
Überlegen Sie, welche Ansprüche Sie an ein Unternehmen stellen würden, um zu sagen: „Das ist ein vorbildliches Unternehmen." Beschreiben Sie die Auswirkung Ihrer Vorschläge auf den Gewinn.

Werden für unternehmerische Entscheidungen die Trends der Entwicklung in allen vier Umweltsphären und die Ansprüche aller Stakeholder mit einbezogen, so kompliziert sich die Entscheidungsfindung, weil nicht mehr nur das Kriterium Gewinn, sondern viele andere Kriterien, die sich gegenseitig beeinflussen, die Entscheidung mitbestimmen: Das Denken ist nicht mehr nur ökonomisch linear, sondern es muss ganzheitlicher vernetzt werden. Dadurch entstehen Zielkonflikte.

3.2 Zielkonflikte als Merkmal ganzheitlich vernetzter Unternehmensführung

Ein Zielkonflikt liegt vor, wenn ein Problem auf verschiedene Weise gelöst werden kann und keine Lösung allein richtig ist, sondern jede Vor- und Nachteile hat.

Zum Überlegen:
Suchen Sie nach weiteren Beispielen von Zielkonflikten, mit denen sich Unternehmen auseinandersetzen müssen.

Beispiel: Ein Unternehmen entwickelt ein neues Produkt, welches es in seine traditionellen und werbewirksamen Verpackungen abfüllen will, die viel Abfall bringen. Für eine Verpackung mit weniger Abfall müsste es neue Verpackungsmaschinen beschaffen, die sehr teuer sind (jährlich hohe Abschreibungen bringen). Sein **Zielkonflikt:** Soll das Unternehmen an den bisherigen Verpackungen festhalten und die Abfälle in Kauf nehmen, oder soll es zulasten des Gewinns die neuen Verpackungsmaschinen kaufen?

Je sorgfältiger ein Unternehmen die Entwicklungstendenzen in den vier Umweltsphären und die Ansprüche der Anspruchsgruppen in seinem Denken und seinen Entscheidungen berücksichtigt, desto mehr Zielkonflikte entstehen:

Unternehmerisches Problem

Lösung A	Lösung B	Lösung C
Vorteile Nachteile	Vorteile Nachteile	Vorteile Nachteile

Moderne, verantwortungsbewusste Unternehmer/innen denken nicht mehr nur ökonomisch linear, sondern ganzheitlich vernetzt.

In jeder Entscheidungssituation mit Zielkonflikten gibt es nicht eine richtige (Patent-)Lösung und daneben lauter falsche Lösungen, sondern jedes Problem hat mehrere Lösungen, die alle Vorteile und Nachteile haben. Deshalb müssen Vor- und Nachteile anhand von Kriterien beurteilt werden, damit man sich für eine Lösung mit den meisten Vorteilen und den wenigsten schweren Nachteilen entscheiden kann.

In Zukunft erfolgreich sind deshalb Führungskräfte von Unternehmen, die mit Zielkonflikten umgehen und verantwortungsbewusst entscheiden können.

Ganz wichtig ist es, dass wir lernen, systematisch über Zielkonflikte nachzudenken. Dazu müssen wir bei jedem Problem möglichst viele Lösungsvorschläge entwerfen und ihre Vorteile und Nachteile abwägen. Vor allem müssen wir lernen, dass es in unserer komplexen Welt keine Patentlösungen mehr gibt.

Zum Überlegen:
Zielkonflikte gibt es auch in der Politik. Überlegen Sie sich, was Zielkonflikte Politikerinnen und Politikern abverlangen.

Denkstrategie
Zielkonflikte erkennen, beurteilen und lösen
(siehe Anhang 4)

4 Das St. Galler Management-Modell

Im nächsten Schritt wollen wir das ganzheitliche unternehmerische Denken als Grundlage für eine moderne Unternehmensführung in ein Modell einbauen.

Deshalb sollen Sie die Bedeutung von Modellen begründen und das St. Galler Management-Modell erklären können.

Das St. Galler Management-Modell unterstützt Unternehmer/innen bei komplexen Entscheidungen.

4.1 Die Bedeutung von Modellen

Mit Modellen wird versucht, komplizierte Sachverhalte und Zusammenhänge einfacher darzustellen, um sie besser zu verstehen.

Deshalb gibt ein Modell
- ein vereinfachtes Bild der Wirklichkeit,
- mit dem versucht wird, einen Gesamtüberblick über ein bestimmtes Themengebiet zu geben: Das St. Galler Management-Modell gibt einen Einblick in das Innere des Unternehmens und seiner Einbettung in die gesamte äußere Umwelt.

Gleichzeitig stellt es einen Ordnungsrahmen dar, in dem
- alle Einzelheiten eines Unternehmens und seiner Umweltsphären eingebaut werden können, damit man eine geordnete Gesamtschau erhält, in welche die vielen Einzelheiten eingeordnet werden können (damit man sich nicht in Details verliert). Dadurch werden die Voraussetzungen für das vernetzte Denken geschaffen.
- die Kommunikation innerhalb des Unternehmens und nach außen erleichtert wird, weil die gleichen Begriffe zur Erklärung aller Zusammenhänge verwendet werden und die Sichtweise auf alle Probleme gut strukturiert ist.

Zum Überlegen:
Beschreiben Sie in eigenen Worten, was ein Modell ist, und suchen Sie nach Beispielen, bei denen es sinnvoll ist, ein Modell zu entwickeln.

4.2 Die Grundform des St. Galler Management-Modells

Folgende Abbildung zeigt die Grundformen des St. Galler Management-Modells.

Das St. Galler Management-Modell

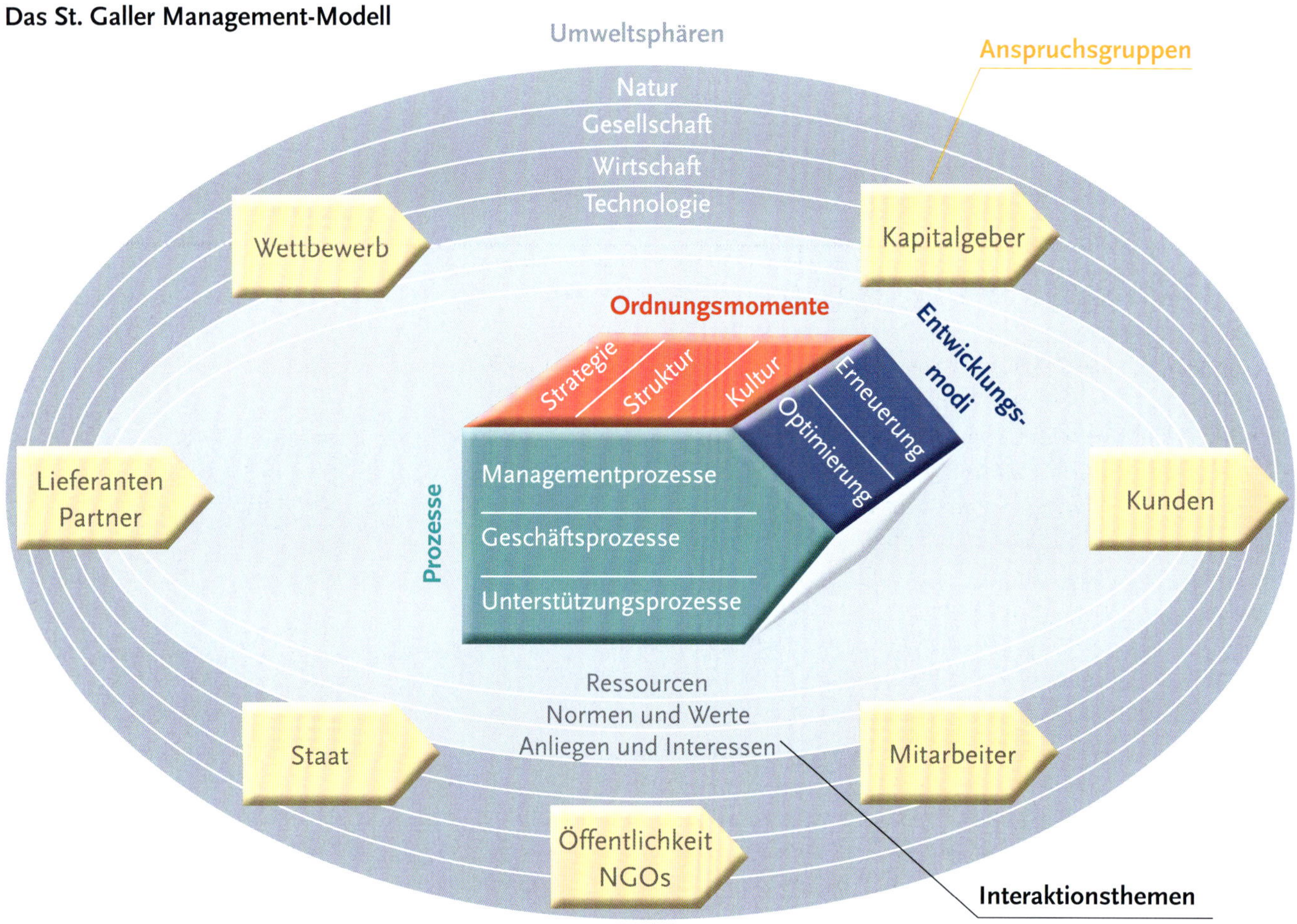

Das Modell zeigt, dass ein Unternehmen nicht für sich alleine dasteht und nach Lust und Laune handelt und entscheidet. Es ist vielmehr in ein großes Umfeld eingebettet, das in vier **Umweltsphären** gegliedert ist (Wirtschaft, Technologie, Natur, Gesellschaft). Deshalb muss es die Trends in den vier Umweltsphären beobachten und in sein Handeln und Entscheiden einbeziehen. Dazu muss ein Unternehmen seinen Blick also stets nach außen richten. Je besser Unternehmer/innen Trends in den **Umweltsphären (Natur, Gesellschaft, Wirtschaft, Technologie)** aufspüren und in ihren Entscheidungen berücksichtigen, desto wahrscheinlicher werden sie ökonomischen Erfolg haben und ihren Beitrag zu einer positiven Entwicklung der Gesellschaft leisten. Dazu muss es die Interessen und Anforderungen der **Anspruchsgruppen** (Kapitalgeber, Kunden, Mitarbeiter, Öffentlichkeit, NGO's, Staat, Lieferanten und Konkurrenz) beobachten, um seine Geschäftstätigkeit auf deren Bedürfnisse auszurichten.

Beispiele für NGO's sind:
Amnesty International, WWF, Konsumentenschutzverbände, Bürgerinitiativen usw.

Ein interaktives St. Galler Management-Modell finden Sie in der TRAUNER-DigiBox.

FILM AB!

Das Video „Unternehmerisch denken mit dem St. Galler Management-Modell" finden Sie hier: www.trauner.at/stgaller.aspx

4.3 Der Blick nach außen: Die Umweltsphären und die Anspruchsgruppen

Wenn ein Unternehmen seine Zukunft plant und bessere Grundlagen für die tägliche Entscheidungsfindung haben will, analysiert es die Entwicklung in den **vier Umweltsphären** sowie die Bedürfnisse und Anforderungen der **Anspruchsgruppen.**

In diesem **ersten Schritt** werden die Entwicklungen in den vier Umweltsphären analysiert, um zu Trendaussagen zu gelangen, welche Hinweise auf mögliche künftige Chancen und Probleme für das Unternehmen geben:

Umweltsphäre	Beschreibung	Beispiele von Fragen, die für die Analyse gestellt werden können
Wirtschaft (ökonomische Umwelt)	Globale wie auch nationale und regionale wirtschaftliche Verhältnisse und Entwicklungen in der Wirtschaft mit allen ihren Märkten – Güter- und Dienstleistungsmärkte, Kapitalmärkte, Arbeitsmärkte, Immobilienmärkte – sind zu berücksichtigen.	▪ Welche Produkte werden in Zukunft gekauft oder verlieren an Bedeutung? ▪ Wie viel Kapital wird benötigt und wo soll es beschafft werden? ▪ Wie können wir Kunden mit Werbung gewinnen? ▪ Wie stark soll unser Unternehmen wachsen?
Technologie (technologische Umwelt)	Unternehmen müssen die technologischen Entwicklungen im Auge behalten, damit sie ihre Leistungen wirtschaftlich erbringen können und am Puls der Zeit bleiben.	▪ Welche technischen Neuerungen kommen auf uns zu? ▪ Wie wollen wir unsere Produktionsabläufe verbessern? ▪ Wie verbessern wir die Qualität unserer Produkte?
Gesellschaft (soziale Umwelt)	Rahmenbedingungen für das unternehmerische Handeln bilden politische, rechtliche, kulturelle und soziale Entwicklungen.	▪ Welche Forderungen stellen die Gesetze an die Unternehmen? ▪ Wie sollen die Mitarbeiter im Unternehmen behandelt werden (z. B. Löhne, Schutzmaßnahmen bei der Arbeit, Renten und Pensionen)? ▪ Welche Auswirkungen hat die Altersstruktur der Bevölkerung auf die Wirtschaft?
Natur (ökologische Umwelt)	Die Wirtschaft hat viele Einflüsse auf eine schützenswerte Natur. Immer wichtiger werden die Erhaltung einer intakten Umwelt und ein nachhaltiges Vorgehen.	▪ Welche Maßnahmen ergreifen wir in den Unternehmen zum Schutz der Natur? ▪ Wie verbessern wir die Umweltfreundlichkeit unserer Produkte? ▪ Wie vermindern wir die schädlichen Reststoffe, die in die Natur gehen?

Als **Kapital** werden die finanziellen Mittel bezeichnet, die einem Unternehmen zur Verfügung stehen.

Die **Märkte** sind Orte, wo sich die Anbietenden (z. B. Warenlieferanten) und die Nachfragenden (z. B. Konsumenten) treffen. Angebot und Nachfrage bestimmen die Preise.

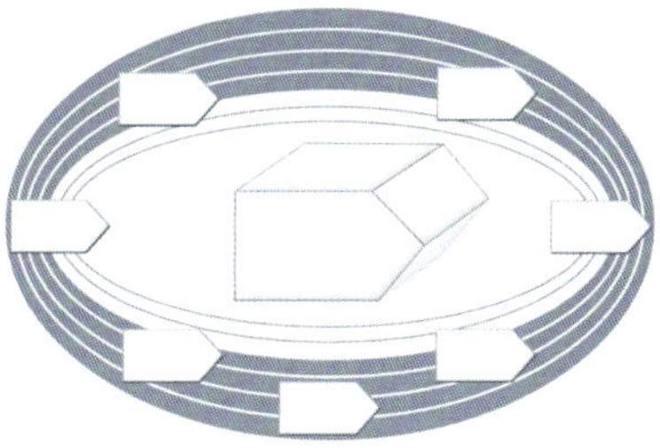

Weil die Analyse der Umweltfaktoren aufzeigen soll, mit welchen Entwicklungen ein Unternehmen in Zukunft rechnen muss, darf sie sich nicht nur auf die Gegenwart beziehen, sondern muss auch vorausschauend sein. Weil es aber schwierig ist, sichere Voraussagen zu machen, werden häufig Szenarien entworfen.

Ein **Szenario** stellt einen möglichen Zustand oder eine Lagebeschreibung dar, in der sich das Unternehmen in Zukunft befindet. Meistens werden mehrere Szenarien entwickelt, um für die Entscheidungsfindung vielfältige Möglichkeiten zu durchdenken.

In einem **zweiten Schritt** muss sich jedes Unternehmen überlegen, welche Bedürfnisse und Ansprüche die Anspruchsgruppen haben, um abzuschätzen, welche Auswirkungen diese Ansprüche auf das Unternehmen haben können. Die folgende Tabelle zeigt Beispiele von Anforderungen jeder Anspruchsgruppe.

Anspruchs-gruppe	Beschreibung	Beispiele von Fragen, die gestellt werden können, wenn abzuschätzen ist, was sich die Anspruchsgruppen wünschen
Kapitalgeber (Shareholder)	Sie investieren in Unternehmen und erwarten dafür Entschädigungen (Dividenden/Zinsen).	▪ Wie rentiert sich das Unternehmen? ▪ Können wir langfristig Gewinne erwarten?
Kunden	Sie kaufen die vom Unternehmen erstellten Produkte oder Dienstleistungen.	▪ Ist die Qualität gut? ▪ Sind die Produkte nicht gesundheitsschädlich?
Mitarbeiter	Sie arbeiten im Unternehmen.	▪ Sind die Löhne und Sozialleistungen gut? ▪ Sind die Arbeitsplätze langfristig gesichert?
Öffentlichkeit/NGO's	Sie beobachten und beurteilen das Verhalten des Unternehmens und seiner Mitarbeiter.	▪ Trägt das Unternehmen den Ansprüchen der Umwelt Rechnung? ▪ Verkauft es keine Produkte mit Kinderarbeit?
Staat	Er sichert das geordnete Zusammenleben der Menschen und Unternehmen, insbesondere durch seine Rechtsordnung.	▪ Bezahlt das Unternehmen seine Steuern ordnungsgemäß und in angemessener Höhe? ▪ Hält es alle Rechtsvorschriften ein?
Lieferanten	Sie beliefern das Unternehmen mit Rohstoffen, Halb- und Fertigfabrikaten und Dienstleistungen.	▪ Bezahlt das Unternehmen die Rechnungen fristgerecht? ▪ Bestellt es regelmäßig?
Konkurrenz	Sie bietet gleiche und ähnliche Produkte auf gleichen Märkten an.	▪ Verhält sich das Unternehmen fair?

Alle Anspruchsgruppen werden als **Stakeholder** bezeichnet.

Die Kapitalgeber sind also auch Stakeholder. Zugleich werden sie aber auch als **Shareholder** bezeichnet (Share = finanzieller Anteil).

Zum Überlegen:
Denken Sie an sich selbst als Kunde und Bürgerin oder Bürger – welche Ansprüche Sie an ein Unternehmen stellen und welche Folgen diese Ansprüche für das Unternehmen haben.

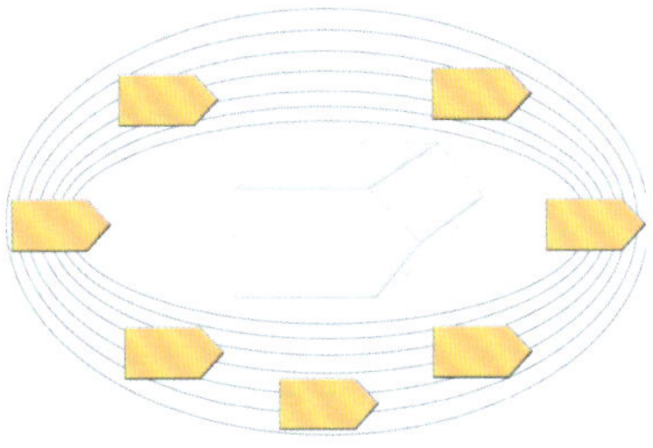

Zum Überlegen:
1. Beschreiben Sie fünf schwierige Zielkonflikte, mit denen sich Unternehmen heute auseinanderzusetzen haben.
2. Haben Sie sich auch schon dabei ertappt, dass eine Ihrer Meinungen eine Patentlösung war und Sie den hinter dem Problem stehenden Zielkonflikt nicht durchdacht haben?

Die äußeren Einflüsse auf das Geschehen in den Unternehmen werden stärker, weil die breite Öffentlichkeit gegenüber der Wirtschaft kritischer eingestellt ist. Die Führung eines Unternehmens wird aber auch anspruchsvoller, weil alle Leute immer mehr wollen, was die Unternehmensleitungen vermehrt in Zielkonflikte führt. Leider verstehen viele Leute das Problem von Zielkonflikten nicht und suchen nach einzig richtigen Lösungen, die es aber immer seltener gibt.

Folgende Schritte sind beim Umgang mit Stakeholdern wichtig:

Wesentliche Stakeholder des Unternehmens identifizieren
Es sollte eine Arbeitsgruppe gebildet werden, die alle Unternehmensbereiche und damit auch sämtliche Blickwinkel des Unternehmens abdeckt. Gemeinsam sollten die wesentlichen Stakeholder des Unternehmens aufgespürt werden.

Relevanzanalyse hilft, Stakeholder zu bewerten
Da es nur schwer möglich ist, jedem Stakeholder die gleiche Aufmerksamkeit zukommen zu lassen, sollte herausgearbeitet werden, welchen Einfluss das Unternehmen auf die jeweiligen Gruppen hat, aber auch welchen Einfluss die einzelnen Stakeholder auf das Unternehmen ausüben können. Dadurch zeigt sich, welchen Stakeholdern eine besonders starke Aufmerksamkeit zukommen sollte.

Dialog mit den Stakeholdern
Das Unternehmen sollte mit den relevanten Stakeholdern einen verstärkten Dialog betreiben. Es gibt vielfältige Möglichkeiten, um die Bedürfnisse der Interessensgruppen zu erfahren und um sich mit ihnen auszutauschen, z. B. Social-Media-Kanäle, Events.

Geeignete Maßnahmen setzen
Berücksichtigung der Bedürfnisse der Stakeholder in geeigneten Maßnahmen.

4.4 Der Blick nach innen

4.4.1 Die Ordnungsmomente: Strategie, Struktur, Kultur

Jedes Unternehmen benötigt eine innere Ordnung, die sich mit drei Elementen **(Ordnungsmomente)** charakterisieren lässt.

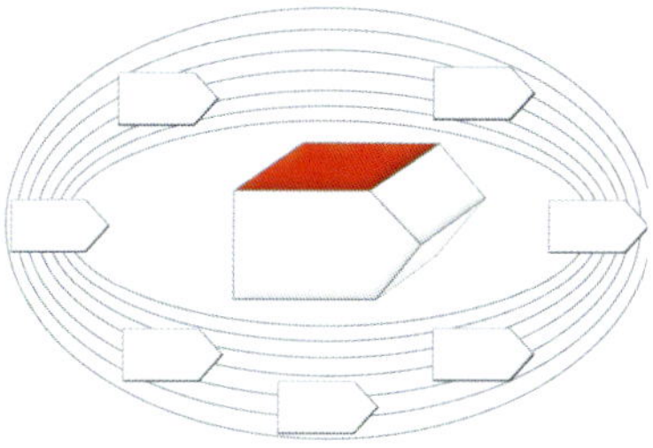

- **Strategien:** Sie zeigen auf, welcher Weg zur Erreichung der Vision gewählt werden soll. Sie sollen Erfolg und dauernde Erhaltung sichern. **Grundlagen** für die Ausgestaltung der Strategie findet das Unternehmen in der **Umweltanalyse** und der **Analyse** von Bedürfnissen und Interessen der **Anspruchsgruppen.**

Ein ewiger Streit
Es wird immer wieder über zwei Prinzipien gestritten:
- Die Strategie folgt der Organisation (Strategy follows structure).
- Die Organisation folgt der Strategie (Structure follows strategy).

Zum Überlegen:
1. Welche der nebenstehenden Auffassungen ist die richtige und warum?
2. Häufig folgt ein Manager, der die Leitung eines Unternehmens neu übernimmt, dem Prinzip „strategy follows structure". Warum?

- **Struktur:** Das Unternehmen muss organisiert sein, also eine **Struktur** haben. Unterschieden wird zwischen der
  - **Aufbauorganisation:** Hierarchie und Zuständigkeiten und der
  - **Ablauforganisation:** Reihenfolge der Erfüllung von Teilaufgaben.

- **Kultur:** Sie zeigt, wie die Mitarbeiter miteinander umgehen, wie sie sich täglich verhalten und von welchen Wertvorstellungen sie sich leiten lassen.

Zum Überlegen:
Wie stellen Sie sich ein Unternehmen vor, das eine gute Kultur mit zufriedenen und leistungsfähigen Mitarbeitern hat?

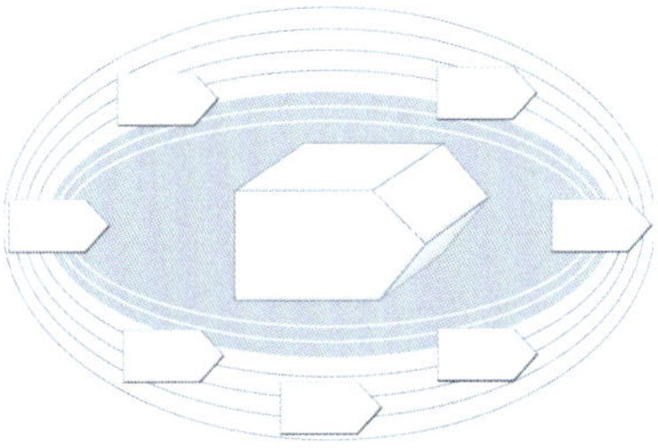

4.4.2 Die Interaktionsthemen

Wie bereits erklärt wurde, sind die Unternehmen in ihren Entscheidungen nicht völlig frei. Sie müssen ihr Verhalten und ihre Entscheidungen immer mit den drei Bereichen Anliegen und Interessen, Normen und Werte sowie Ressourcen abstimmen, indem sie zu überlegen haben, welche **Wechselwirkungen (Interaktionen)** diese drei Bereiche mit dem Gesamtgeschehen im Unternehmen haben.

Dabei entstehen Zielkonflikte, die soweit wie möglich rational gelöst werden. Es kann zu Kontroversen kommen, wenn das Management von ganz unterschiedlichen Vorstellungen über die Werte und Ziele des Unternehmens ausgeht. Die Interaktionsthemen betreffen

- die **Anliegen und Interessen** der Anspruchsgruppen, die sehr oft auf Eigennutz ausgerichtet sind oder idealistischen Zielvorstellungen entsprechen.
- **Normen und Werte,** also grundlegende und allgemein anerkannte Verhaltensregeln, die auf Wertvorstellungen beruhen.
- **Ressourcen,** also Finanzen, Mitarbeiter, Rohstoffe und Energie.

In Konfliktsituationen, welche die Öffentlichkeit interessieren, werden in Zeitungen oft Leserbriefe geschrieben. Ihre Verfasserinnen und Verfasser haben häufig feststehende Meinungen, die sie in den Leserbriefen als Wahrheit oder einzig richtige Lösung darstellen. Mögliche Zielkonflikte bedenken sie nicht. Auch stellen sie häufig bloße Behauptungen auf und bemühen sich nicht immer um die Darstellung belegbarer Tatsachen.

Denkstrategie
Texte interpretieren
(siehe Anhang 5)

Deshalb sollte man sich beim Lesen von Leserbriefen und Zeitungsartikeln überlegen, von welcher Meinung die Verfassenden ausgehen (welche Werte ihre Äußerungen prägen) und ob sie nur etwas behaupten oder belegbare Tatsachen einbringen. Erst dann kann man sich eine eigene Meinung bilden. Wie man hier vorgehen kann, zeigt die Denkstrategie „Texte interpretieren“.

Aufgabe: Ein Leserbrief

In einem Land wird im Parlament ein Gesetz diskutiert, das die Unternehmen verpflichtet, allen Mitarbeitern sechs Wochen Urlaub zu gewähren. Dieses Gesetz ist sehr umstritten. Vor allem Unternehmen sind strikt dagegen. Es bahnt sich also ein Konflikt an.

Deshalb werden in den Zeitungen viele Leserbriefe geschrieben. Ein solcher Leserbrief ist im Folgenden angeführt.

Leserbrief in den „Neuen Nachrichten“

Wie einfach es sich doch viele Manager machen:

4 Wochen Urlaub = weniger Gewinn, 6 Wochen Urlaub = noch weniger Gewinn. Für Maschinen mag dies stimmen, doch wer solche Formeln auf Menschen anwendet, ist ein Unmensch. Menschen brauchen viel Zeit für die Erholung, damit sie Großes leisten können. Für verdiente Erholung haben manche Unternehmer und Politiker immer weniger Verständnis. Ihre Parolen sind: Arbeitszeit rauf, Lohn runter, Rentenalter rauf. In der Folge werden Arbeitnehmer immer mehr ausgelaugt. Viele wagen nicht mehr, alle Überstunden zu melden, um Zeitausgleich zu bekommen. Immer mehr enden im Burn-Out. Daher 6 Wochen Urlaub.

Zum Überlegen:

1. Welchen Eindruck macht dieser Leserbrief auf Sie?
2. Suchen Sie in diesem Leserbrief nach Stellen, in denen die Interaktionsthemen angesprochen werden.

4.4.3 Entwicklungsmodi

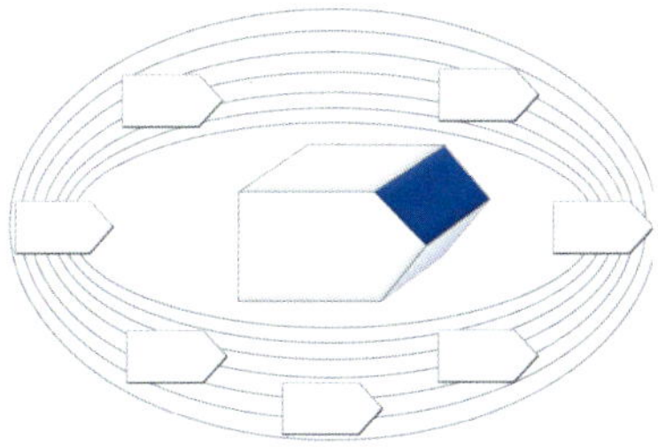

Immer schnellere Veränderungen in den Umweltsphären von Unternehmen zwingen sie zu dauernden Anpassungen, Neuerungen (Innovationen) und Verbesserungen bei den Produkten, Dienstleistungen sowie allen Arbeitsprozessen. Deshalb sind in jedem Unternehmen zwei Entwicklungsmodi zu beachten:

- Die **Optimierung** beinhaltet die steten, geringeren Veränderungen an den Produkten und Dienstleistungen sowie allen Arbeitsabläufen **(Innovationen).** Ihr Ziel ist es, das Unternehmen so zu führen, dass es bei bester Qualität kostengünstig arbeitet.
- Die **Erneuerung** betrifft wegweisende Veränderungen in der Organisation des Unternehmens, bei seinen Produkten und Dienstleistungen sowie bei den Arbeitsprozessen. Sie führt zu einem nachhaltigen **Wandel** des gesamten Unternehmens und seiner Kultur und ist ein langfristiger Prozess, der meistens auf einer veränderten Wahrnehmung der Umweltsphären beruht und eine neue Strategie nötig macht (oft auch als Change-Management bezeichnet).

4.4.4 Prozesse

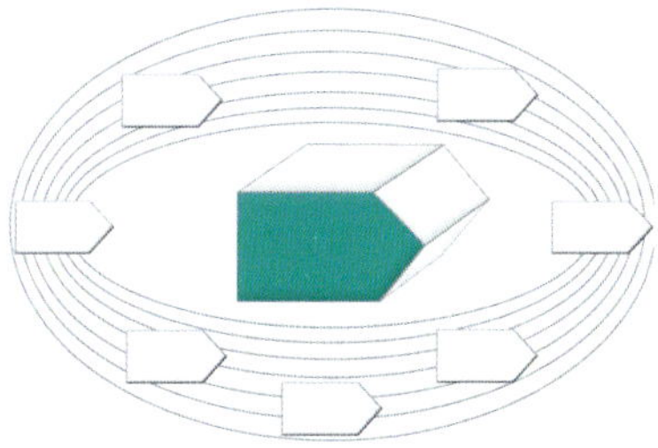

Schließlich muss das Geschehen im Unternehmen bei der täglichen Arbeit (operatives Management) geordnet sein. Diese Ordnung betrifft alle Abläufe und Arbeiten (Prozesse) bei der Leistungserstellung und der Führung sowie der Administration (Verwaltung) des Unternehmens. Unterschieden werden drei übergeordnete Prozessarten:

Prozessart	Beschreibung	Prozessgruppen
Management-prozesse	Sie dienen der Gestaltung, Lenkung (Steuerung) und täglichen Führung des Unternehmens.	▪ Normative Orientierungsprozesse ▪ Strategische Entwicklungsprozesse ▪ Operative Führungsprozesse
Geschäfts-prozesse	Sie betreffen die Herstellungs- und Leistungsprozesse des Unternehmens. Sie sind so zu gestalten, dass ein Unternehmen seine Produkte oder Dienstleistungen qualitativ gut, kostengünstig und zeitgerecht liefern kann.	▪ Leistungsinnovationsprozesse (Forschung und Entwicklung) ▪ Leistungserstellungsprozesse (Produktion) ▪ Kundenprozesse (Werbung, Markenpflege, Verkauf, Kundenpflege)
Unter-stützungs-prozesse	Mit ihnen werden Geschäftsprozesse unterstützt, damit sie reibungslos ablaufen. Sie stellen die Infrastruktur dar, indem sie die unternehmensinternen Dienstleistungen erbringen.	▪ Personalwesen ▪ Betriebliche Bildungsarbeit ▪ Infrastrukturbewirtschaftung (Maintenance) ▪ Informationsbewältigung (Bereitstellung von Daten zur Unternehmensführung) ▪ Kommunikation ▪ Risikobewältigung ▪ Recht

Schlecht geführte Unternehmen beschäftigen sich nur mit der Bewältigung des Alltagsgeschäfts, wobei immer die Effizienz der Tätigkeit im Mittelpunkt steht: Sie setzen ihre Mitarbeiter und ihr Kapital zielgerichtet nur kurzfristig, gewinnmaximierend ein. Der unternehmerische Alltag ist damit fast nur durch das **operative Management** geprägt.

Gute Unternehmen planen aber zusätzlich langfristig, um nachhaltige Wettbewerbsvorteile aufzubauen. Bei ihnen spielt das **strategische Management** eine große Rolle (strategische Entwicklungsprozesse). Langfristig denkende Unternehmen setzen sich auch mit dem **normativen Management** auseinander. Sie überlegen sich bei der langfristigen Planung und beim alltäglichen Handeln und Entscheiden immer, welche Werte und Normen sie ihrem Entscheiden und Handeln zugrunde legen wollen (normative Orientierungsprozesse).

Für eine ganzheitliche Unternehmensführung ist es entscheidend, dass die Geschäfts- und Unterstützungsprozesse sich immer am normativen und strategischen Management orientieren. Andernfalls fehlt dem Unternehmen die Stimmigkeit aller Maßnahmen:

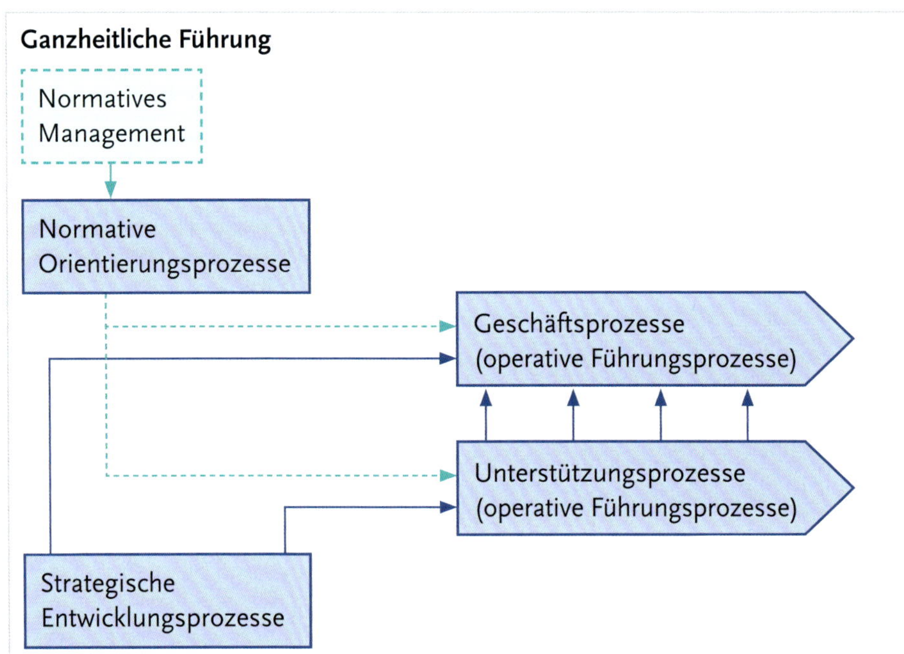

Der Zusammenhang der einzelnen Prozesse sei an einem **Beispiel** verdeutlicht: Ein Unternehmen importiert und verkauft Videospiele. Die Planung, Abstimmung, Qualitätsüberwachung und die Erfolgskontrolle stellen einen **Managementprozess** (operative Führungsprozesse) dar. Die eigentliche Durchführung aller Verkaufsaktivitäten (z. B. Werbung, Verkaufsgespräche) ist ein **Geschäftsprozess**, dessen Führung ebenfalls ein Managementprozess ist. Die Unterstützung des Geschäftsprozesses (z. B. die Bereitstellung eines Laptops für die Bestellungsaufnahme oder die Ausbildung der Verkäufer) stellt einen **Unterstützungsprozess** dar, dessen Führung ebenfalls ein operativer Führungsprozess ist. Die Geschäfts- und Unterstützungsprozesse dürfen aber nie ohne Bezug auf das normative und strategische Management durchgeführt werden, damit es nicht zu bloß momentanen Verhaltensweisen und Entscheidungen in der täglichen operativen Führung kommt. Die normativen Zielvorstellungen (z. B. kein Verkauf von Gewalt- und Kriegsspielen) sowie die strategischen Vorgaben (z. B. Konzentration der Geschäftstätigkeit auf Österreich) müssen in alle Überlegungen zur täglichen Führung einbezogen werden. Deshalb sollten alle Geschäfts- und Unterstützungsprozesse die Ergebnisse aus periodisch durchgeführten normativen Orientierungs- und strategischen Entwicklungsprozessen beinhalten.

Ein Beispiel für das Zusammenwirken verschiedener Prozesse, finden Sie in der TRAUNER-DigiBox.

Zum Überlegen:
Stellen Sie sich ein Autohaus vor, das mit Autos handelt und Reparaturen ausführt. Suchen Sie für jeden Prozess im Management-Modell ein Beispiel.

5 Die Strategie eines Unternehmens (strategisches Management)

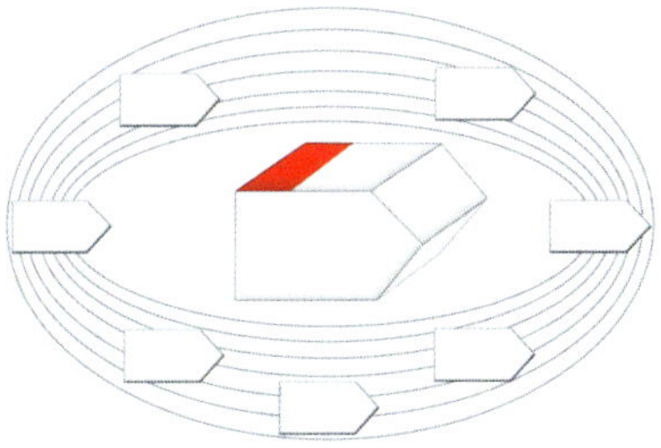

Ein Sprichwort sagt: „Wer nicht weiß, wohin er will, landet meistens dort, wo er nicht hinwollte." Dies kann auch Unternehmen passieren, die über keine langfristigen Ziele, also eine Strategie, verfügen.

Deshalb sollen Sie die Wichtigkeit des strategischen Denkens in einem Unternehmen beurteilen und erklären können – in welcher Form Unternehmen ihre Strategie entwickeln.

5.1 Der Begriff der Strategie

Die Strategie beschreibt die längerfristige Zielrichtung eines Unternehmens. Sie zeigt, wie es sich einen längerfristigen Wettbewerbsvorteil gegenüber allen Konkurrenten schaffen will.

Sie beinhaltet also grundlegende Entscheidungen über seine Zielmärkte und Tätigkeitsfelder als Grundlage für die langfristige Ressourcenallokation.

Ressourcenallokation heißt: Zuordnung von Ressourcen (Finanzmittel, Personal).

5.2 Beispiel einer Strategie

Auf der nächsten Seite sehen Sie die Strategie eines selbständigen (keiner Kette angehörenden) Reisebüros in der Hauptstadt eines kleineren Bundeslandes.

Strategie eines Reisebüros

Leitidee:

Unser Reisebüro ist spezialisiert auf weltweite Einzel- und Gruppenreisen für Privatpersonen und Vereine sowie auf Geschäftsreisen. Es profiliert sich durch einen individuellen Kundenservice für alle Bevölkerungsschichten in unserer Region.

1. Unser Angebot

1. Priorität: Urlaubsreisen (individuell und Gruppenreisen) sowie Geschäftsreisen weltweit.
2. Priorität: Vermittlung von Städtereisen (Tourismus, Kulturreisen), die von großen Reiseveranstaltern und Fluggesellschaften weltweit angeboten werden.

2. Unsere Kunden

- Wir bemühen uns um einen guten Kundendienst für alle Schichten unserer Region.
- Wir bauen eine Stammkundschaft auf, der wir regelmäßig interessante Reisen in unseren Tätigkeitsgebieten anbieten.

3. Marktstellung und Wachstum

- Wir profilieren uns durch besten individuellen Kundendienst und wollen im Rahmen des Zuwachses des Tourismus auch wachsen.
- Längerfristig wollen wir in den drei größten Städten unseres Bundeslandes Filialen eröffnen.

4. Gewinn

- Wir streben ein Gewinn- und nicht ein Umsatzwachstum an. Als Ziel setzen wir eine jährliche Nettorendite von 7 %.

Nettorendite heißt: Unternehmensgewinn in % des Eigenkapitals des Unternehmens.

5. Investitionen

- Wir stellen sicher, dass wir immer den höchsten Entwicklungsstand in unserer eigenen Informatik haben und schließen uns allen Touristiknetzwerken an.
- Den Onlinebuchungen für unsere Kunden schenken wir größte Aufmerksamkeit.

6. Kooperationen

- Wir kooperieren nur mit wenigen und den ausschließlich besten anderen Reiseveranstaltern. Billigste Offerte mit unsicheren Last-Minute-Reisen bearbeiten wir nicht.

7. Personal

- Wir stellen nur Fachkräfte mit einer grundsoliden Touristik-Ausbildung ein.
- Alle unsere Mitarbeiter haben Anspruch auf fünf bezahlte Weiterbildungstage im Berufsfeld ihrer Wahl.
- Alle Mitarbeiter werden jährlich beurteilt und je nach Leistung am Gewinn beteiligt.

8. Gesellschaftliche Verantwortung

- Wir offerieren und organisieren keine Reisen im Bereich des Sex-Tourismus sowie in Länder mit untolerierbaren politischen und wirtschaftlichen Eigenarten. Dazu führen wir ein Verzeichnis, das alle drei Monate überarbeitet wird.

Zum Überlegen:

1. Steht bei diesem Reisebüro die Gewinnmaximierung oder der Gewinn unter Nebenbedingungen im Vordergrund?
2. Eine Strategie ist nur aussagekräftig, wenn es zu jeder Aussage auch eine andere Möglichkeit gibt (z. B. das Reisebüro will nicht weltweit, sondern nur europaweit tätig sein). Überprüfen Sie, ob die Strategie des Reisebüros aussagekräftig ist.
3. Nehmen Sie an, Sie seien Leiter oder Leiterin dieses Reisebüros. Hilft Ihnen diese Strategie bei der Führung des Reisebüros?

Leider finden sich im unternehmerischen Alltag immer öfter Beispiele von Strategien, die wenig aussagen. Typisch dafür sind Zielvorstellungen wie:
- Wir wollen ein führendes Reisebüro sein.
- Das Personal ist in unserem Unternehmen das Wichtigste.

Solche Zielvorstellungen sind Leerformeln und bringen keine Ziele zum Ausdruck. Überprüfen lässt sich die Qualität einer Strategie, indem man bei jedem Abschnitt überlegt, ob es noch andere Möglichkeiten für Ziele gäbe. Findet man keine echten Alternativen, so stellt dieser Teil der Strategie eine sinnlose Leerformel dar.

5.3 Die Entwicklung einer Strategie

Die folgende Abbildung zeigt, wie Unternehmen eine Strategie entwickeln. Jede Strategiearbeit beginnt mit einer externen und internen Analyse, die Chancen und Gefahren sowie Stärken und Schwächen des Unternehmens in der Zukunft aufdecken. Dann wird überlegt, von welchen Wertvorstellungen das Unternehmen geprägt werden soll. Auf diesen Grundlagen werden mögliche Strategien entworfen und aus diesen die für die Zukunft am besten geeignete ausgewählt.

Entwicklungsschritte bei der Erarbeitung einer Strategie

Externe Analyse

Analyse der Umweltsphären

Analysen der Ansprüche und Interessen der Anspruchsgruppen

↓

Beschreibung der Trends, die sich aus den Analysen für das Unternehmen ableiten lassen

↓

Suchen nach künftigen Erfolgsfaktoren des Unternehmens

↓

Beurteilen **der Chancen** und **Gefahren,** die sich für das Unternehmen ergeben

↓

Ableiten von Chancen und Gefahren für das Unternehmen

Interne Analyse

Analyse des Zustandes des Unternehmens
- Produkte
- Personal
- Finanzen
- Organisation
- Führung

↓

Suchen nach **Stärken** und **Schwächen** des Unternehmens

Ableiten von besonderen **Kompetenzen** für das Unternehmen

Wertvorstellungen des Unternehmens (normatives Management)

↓

Entwicklung von möglichen Strategien

↓

Entscheidung über die zu wählende Strategie

In Klein- und Mittelunternehmen (KMU) werden die Ergebnisse häufig in einer SWOT-Analyse zusammengefasst. Sie sieht wie folgt aus:

Stärken (Strengths)	**Schwächen** (Weaknesses)
Chancen (Opportunities)	**Gefahren** (Threats)

In der TRAUNER-DigiBox finden Sie ein Beispiel für eine SWOT-Analyse.

5.4 Mögliche Strategien

Lange Zeit versuchte man **allgemeine Prinzipien** für den Entwurf und die Entscheidung über eine geeignete Strategie zu entwerfen. Solche Kriterien sind:

- Konzentration der Kräfte
- Geschickte Innovationen
- Ausnutzung von Synergieeffekten
- Schaffen einer guten Organisation (Struktur)
- Zusammenarbeit mit anderen Unternehmen
- Risikoausgleich durch Diversifikation
- Offensive
- Defensive
- Ökonomie der Kräfte (Kostensenkungsstrategie)

Zum Überlegen:

1. Kennen Sie Unternehmen, deren Strategie solchen Kriterien folgt?
2. Wo liegen die Probleme, wenn sich ein Unternehmen auf ein solches allgemeines Prinzip der Strategie festlegt?

Bald hat man aber erkannt, dass diese Kriterien für strategische Entscheidungen zu allgemein waren. Deshalb wurden drei neue **Grundtypen von Strategien** entwickelt:

- Wettbewerbsstrategien (1)
- Portfolio-Analyse (2)
- Wachstumsstrategien (3)

Wettbewerbsstrategien (1)

Das Unternehmen überlegt sich, wie es mit überdurchschnittlicher Leistung einen nachhaltigen **Wettbewerbsvorteil** erzielen will (Porter-Modell).

		Strategischer Vorteil bei den Leistungen oder Kosten	
Strategisches Zielobjekt	Bezogen auf die **ganze Branche**	Strategie der **Differenzierung**	Strategie der **Kostenführerschaft**
	Beschränkung auf einen **Teilmarkt** (Segment)	Konzentration auf Nischen: **Nischenstrategie**	

Die drei Wettbewerbsstrategien (Differenzierung, Kostenführerschaft, Nischenstrategie) lassen sich wie folgt beschreiben:

Einen informativen Artikel zu den drei Wettbewerbsstrategien finden Sie in der TRAUNER-DigiBox.

Wettbewerbsstrategie

- **Differenzierung:** Das Unternehmen grenzt sich gegenüber den Konkurrenten ab durch
  - Einmaligkeit des Produkts,
  - bessere Qualität und
  - gute Serviceleistungen.
- **Kostenführerschaft:** Das Unternehmen versucht die Konkurrenz mit kostengünstigen Preisen auszuschalten.
- **Nischenstrategie:** Das Unternehmen konzentriert sich auf Produkte, die niemand so gut herstellen kann und auf spezielle Kundengruppen, bei denen die Konkurrenz keine Chancen hat.

Strategien nach der Portfolio-Analyse (2)

Das Unternehmen teilt seine Produkte in vier Gruppen ein und überlegt sich, auf welche Produkte sie sich langfristig konzentrieren will (Modell der Boston Consulting Group):

Marktwachstum/ Marktattraktivität	hoch	Question Marks	Stars
	niedrig	Poor Dogs	Cash Cows
		niedrig	hoch
		Marktanteil	

Einzelne Produktgruppen, die ein Unternehmen anbietet, lassen sich wie folgt beschreiben:

Produkte-Portfolio

- **Stars:**
  - Das Unternehmen hat auf einem wachsenden Markt einen großen Marktanteil.
  - Es erzielt hohe Gewinne.
  - Deshalb investiert es in dieses Produkt (= Investitionsstrategie).
- **Cash Cows:**
  - Das Unternehmen hat auf einem stagnierenden Markt einen hohen Marktanteil.
  - Es erzielt noch für eine Weile gute Gewinne. Diese Gewinne schöpft es noch so lange wie möglich ab (= Abschöpfungsstrategie).
- **Poor Dogs:**
  - Das Unternehmen hat auf einem stagnierenden Markt einen niedrigen Marktanteil.
  - Die Gewinne werden immer kleiner, deshalb stellt es die Produktion ein (= Desinvestitionsstrategie).
- **Question Marks:**
  - Das Unternehmen verfügt in einem wachsenden Markt (noch) über einen kleinen Marktanteil. Unter günstigen Umständen bestehen gute Gewinnchancen (= Investitionsstrategie, wenn das Unternehmen mithalten kann, Desinvestitionsstrategie, wenn sie mangels Finanzen nicht mithalten kann).

Häufig bieten Unternehmen mehrere Produkte an, die im Produkt-Portfolio unterschiedlich eingeordnet sind, weil sie in verschiedenen Lebensphasen stehen. Deshalb ist es für strategische Entscheidungen wichtig, ihre Position im Lebenszyklus zu beachten:

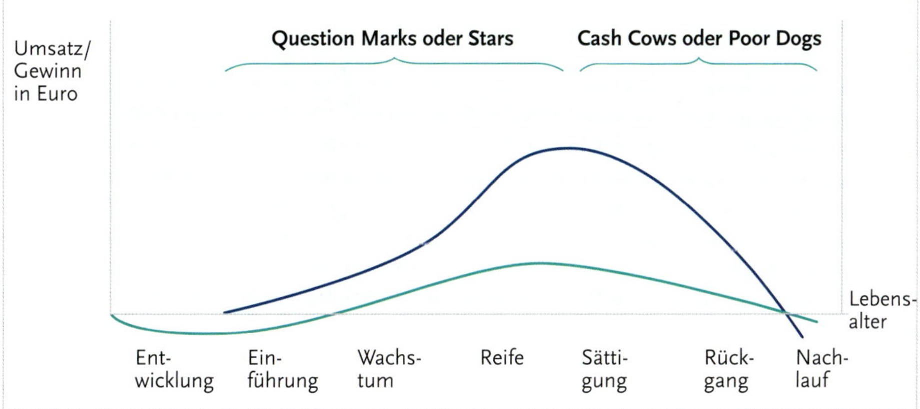

Portfolio-Analyse heißt: analysieren der Zusammensetzung der Produkte oder Dienstleistungen, welche ein Unternehmen herstellt oder anbietet.

Alle Produkte haben einen Produktlebenszyklus – von der Entwicklung bis zum Nachlauf. Strategisch bedeutsam ist, dass Unternehmen Produkte herstellen, die sich in verschiedenen Lebensphasen befinden. Sein Produktportfolio muss also Produkte umfassen, die ein unterschiedliches Lebensalter haben. So müssen sie beispielsweise mit der Entwicklung neuer Produkte spätestens dann beginnen, wenn bestehende Produkte in die Phase der Reife kommen. Ganz allgemein ausgedrückt hängen die Gewinne von den Lebensphasen der Produkte ab und Investitionen und Desinvestitionen sind darauf auszurichten.

Wachstumsstrategien (3)

Das Unternehmen überlegt sich, mit welchen Produkten es auf welchen Märkten **wachsen** will (Ansoff-Modell):

Diversifikation heißt: Eintritt eines Unternehmens in ein neues Geschäft (andere Produkte als bisher).

Produkt		Markt: gegenwärtig	Markt: neu
	neu	**Produktentwicklung**	**Diversifikation**
	gegenwärtig	**Marktdurchdringung**	**Marktentwicklung**

Wachstumsstrategien lassen sich wie folgt charakterisieren:

Wachstumsstrategien	
Produktentwicklung:	Das Unternehmen entwickelt neue Produkte für seine gegenwärtigen Märkte. ▪ Produktinnovation ▪ Produktoptimierung (Produktverbesserung)
Marktdurchdringung:	Das Unternehmen steigert den Umsatz mit den gegenwärtigen Produkten auf den gegenwärtigen Märkten. ▪ Werbung für neue Kunden ▪ Abwerbung von Kunden der Konkurrenz (= Verdrängungswettbewerb)
Diversifikation:	Das Unternehmen entwickelt neue Produkte für neue Märkte. ▪ Entwicklung ähnlicher Produkte für das eigene Produktportfolio (= horizontale Diversifikation) ▪ Entwicklung neuer Produkte der vorgelagerten oder nachgelagerten Produktionsstufen (= vertikale Diversifikation) ▪ Entwicklung von Produkten, die mit der bisherigen Tätigkeit keine Beziehung haben (= laterale Diversifikation)
Marktentwicklung:	Das Unternehmen vertreibt gegenwärtige Produkte auf neuen Märkten. ▪ Erschließung neuer Märkte ▪ Leichte Veränderung der gegenwärtigen Produkte zur Gewinnung neuer Kunden

Aufgabe: Der Misserfolg eines Unternehmens

Eine Blechwarenfabrik hat sich schon immer das Ziel gesetzt, rasch zu wachsen. Mit Blechdosen aller Art, aber vor allem mit Dosen für Lebensmittel (Konservenbüchsen) hat sie viele Jahre sehr gut verdient.

Ab 1990 gingen die Umsätze zurück, weil immer mehr Lebensmittel nicht mehr in Dosen, sondern in flexiblen Folien aus Kunststoff verpackt wurden. Viele Unternehmen haben ab 1990 begonnen, solche Folien zu verkaufen.

Als der Umsatz mit Blechwaren immer rückläufiger wurde, hat die Blechwarenfabrik 1995 ein Kartonagewerk für Kartonverpackungen und 1997 ein Glaswerk für Glasverpackungen gekauft und 1999 folgte der Kauf eines Folienwerks. Die drei neuen Unternehmen haben bis 2004 nur Verluste gebracht, also entschied die Unternehmensleitung, diese drei Werke zu verkaufen und aus dem Erlös eine innovative Tubenfabrik zu beschaffen, die bis heute gute Gewinne einbringt. Der Grund – das Personal der Tubenfabrik entwickelt ständig neue Tuben von immer besserer Qualität.

Aufgaben: Auswertung dieser Situation

1. Beurteilen Sie die Entwicklung aus der Sicht des Produktlebenszyklus.
2. Welche Strategien wandte das Unternehmen ab 1990 an?
3. Wo lagen die Gründe für den Misserfolg mit den drei Werken, die sie verkaufen musste?

5.5 Eine wichtige strategische Frage: Diversifikation

Eine Frage, die sich oft stellt, lautet: Soll und allenfalls wie stark soll sich ein Unternehmen diversifizieren. Vor allem Unternehmen mit einer Wachstumsstrategie entscheiden sich häufig für Diversifikation. Sinnvoll ist sie aus wirtschaftlicher Sicht nur, wenn für das Unternehmen ein Mehrwert geschaffen wird, der sich auf den Gewinn positiv auswirkt.

Es ist immer noch umstritten, ob eine Diversifikation sinnvoll ist, da es positive und negative Beispiele dafür gibt. Wahrscheinlich schaffen Diversifikationen nur Mehrwert

- bei horizontalen Diversifikationen, indem das Unternehmen für das Neue gute technische und personelle Voraussetzungen hat (über weiter verwendbare Kernkompetenzen verfügt). Vertikale und laterale Diversifikationen scheitern oft.
- wenn genügend finanzielle Mittel verfügbar sind, denn Diversifikationen beanspruchen lange Zeit und viel Geld.
- wenn die Unternehmensleitung Erfahrung mit der Diversifikation hat.
- wenn die Diversifikation aus der Sicht der Kultur des Unternehmens verkraftbar ist (gemeinsames Verständnis aller Mitarbeiter für das Neue, gute zwischenmenschliche Beziehungen, Berechenbarkeit der Folgen allen Tuns) (siehe ausführlicher Kapitel 6).

Aufgabe: Erweiterung Schreibwarengeschäft Hainzl

In einer mittelgroßen Stadt, nahe des Gymnasiums und der Fachhochschule, befindet sich das Schreibwarengeschäft Hainzl, das alles, was mit Schreiben zu tun hat, verkauft. Dieses Geschäft erzielt mit zehn Mitarbeitern einen Umsatz von 1,5 Mio Euro. Das Bedienungspersonal ist kompetent und freundlich. Beratung und Service sind sehr gut.

Das Schreibwarengeschäft ist für das Gymnasium und die Fachhochschule gut gelegen. In der weiteren Umgebung gibt es kein Schreibwarengeschäft, aber eine gute Buchhandlung. Die wichtigsten Kunden sind die Schüler und Studenten. Außerdem kaufen auch die Einwohner des Bezirks im Schreibwarengeschäft ein.

Angesichts des guten Rufes der Fachhochschule nimmt die Studentenzahl stark zu. Deshalb werden gegenwärtig die Gebäude der Fachhochschule erweitert und ein Wohnheim für Studenten errichtet.

Bekannt ist, dass sich eine Buchkette überlegt, im Bezirk einen Buchladen zu eröffnen.

Der Eigentümer Hainzl denkt schon lange darüber nach, ob er in seinem Schreibwarengeschäft auch Musik-CDs, elektronische Kleinapparate wie Telefone und weitere Kommunikationsmittel und/oder Bücher verkaufen soll. Zusätzlich überlegt er sich die Einrichtung eines Cafés, damit die Kunden bequem im Geschäft verweilen können, wenn sie nach Büchern suchen oder CDs hören.

Baulich wäre ein solches Projekt im Haus, das Herrn Hainzl gehört, problemlos umsetzbar. Finanziell verfügt er über große Reserven, die er einsetzen will, sofern die Idee strategisch sinnvoll ist. Sein Personal ist begeistert und wäre bereit, sich weiterzubilden, um in den neuen Geschäftsfeldern besten Verkaufsservice zu bieten.

Herr Hainzl bittet Sie um Ihren strategischen Rat. Er möchte erst mögliche Strategien beurteilen können und danach die finanziellen Folgen klären, zumal er dank seiner finanziellen Reserven recht risikofreudig ist.

Aufgaben: Auswertung dieser Situation

1. Wie lässt sich die Strategie, die Herr Hainzl verfolgen möchte, den theoretischen Grundlagen folgend, einordnen?
2. Welche Strategie hat Herr Hainzl wahrscheinlich verfolgt, bevor er sich mit seiner neuen Idee beschäftigte.
3. Entwerfen Sie aufgrund der Fallbeschreibung eine SWOT-Analyse, wobei Sie davon ausgehen, es handle sich um die Stadt Ihrer Schule und um die heutige Zeit.
4. Bereiten Sie einen Lösungsvorschlag (geeignete Strategie) für Herrn Hainzl vor.

Diese Aufgabe fordert von Ihnen eine **Problemlösung.** Seit langem ist bekannt, dass gute Problemlöser und Problemlöserinnen ihre Schwierigkeiten anhand einer Strategie systematisch bearbeiten. Sie kommen üblicherweise zu besseren Lösungen als durch Intuition. Deshalb sollte man bei der Lösung von Problemen eine Strategie anwenden.

Denkstrategie
Probleme lösen
(siehe Anhang 6)

6 Das normative Management

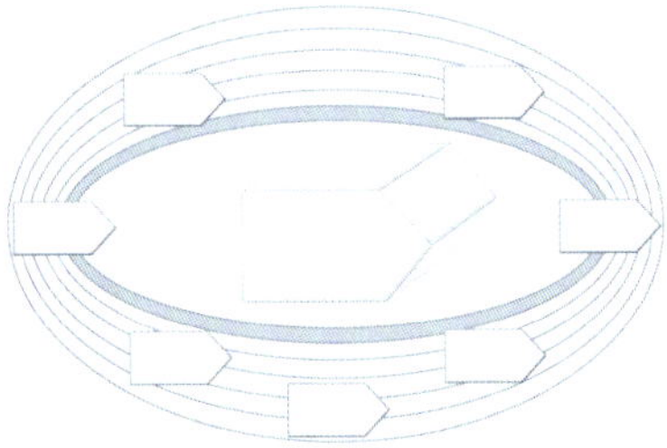

Im Kapitel 3 wurde erklärt, warum das unternehmerische Denken in Zukunft nicht mehr vom Prinzip der Gewinnmaximierung beherrscht werden darf, sondern auf die Grundlage eines Gewinns unter Nebenbedingungen auszurichten ist.

Damit müssen sich die Unternehmer und Manager mit einem weiteren schwierigen und widersprüchlichen Problem auseinandersetzen: Welche Nebenbedingungen sollen berücksichtigt werden? Welche Auswirkungen haben sie auf die Strategie? Welche Wertvorstellungen sollen diesen Nebenbedingungen zugrunde gelegt werden? Mit diesen Fragen beschäftigt sich das normative Management, das mit strategischem Management zu kombinieren ist (siehe Abbildung Seite 23).

Deshalb sollen Sie die Bedeutung normativen Managements für die weitere Entwicklung der Gesellschaft und Wirtschaft erkennen, seine Möglichkeiten und Grenzen einschätzen und Auswirkungen auf die Unternehmensführung beurteilen können.

6.1 Der Begriff des normativen Managements

Das normative Management beschäftigt sich mit Werten, die das strategische und operative Management eines Unternehmens prägen. Anders ausgedrückt verkörpert es die Vorstellung verantwortungsbewusster unternehmerischer Tätigkeit. Heute wird oft von einer **nachhaltigen Unternehmensführung** gesprochen, wobei Nachhaltigkeit vielerorts leider zu einem Schlagwort geworden ist. Hier wird Nachhaltigkeit gemäß folgender Abbildung umschrieben:

Gewinn unter Nebenbedingungen

↓

bezweckt

↓

Nachhaltigkeit der Unternehmensführung

↓

heißt für das Unternehmen

↓

Wirtschaftliche Leistungsfähigkeit	Ökologische Verantwortung	Gesellschaftliche Solidarität	Gute Governance
Langfristige Erhaltung des Unternehmens mit einem Gewinn unter Nebenbedingungen	**Nebenbedingung 1:** Sorgsamer Umgang mit den Ressourcen	**Nebenbedingung 2:** Faire Bedingungen für alle Anspruchsgruppen	**Nebenbedingung 3:** Transparente Führung des Unternehmens (Offenheit und Berechenbarkeit)

Diese Darstellung von Nachhaltigkeit ist inhaltsleer. Deshalb stellt sich die Frage, wie in Unternehmen festgelegt wird, welche konkreten Nebenbedingungen beachtet werden sollen, um die Nachhaltigkeit der Unternehmensführung ständig zu verbessern. Immer mehr Leute erwarten eine Antwort der Wirtschaftsethik.

Die beste Umschreibung von „Nachhaltigkeit" stammt von der Brundlandt-Kommission der UNO aus dem Jahr 1987:

Nachhaltige Entwicklung: „Eine dauerhafte Entwicklung, die den Bedürfnissen der heutigen Generation entspricht, ohne die Möglichkeiten zukünftiger Generationen zu gefährden, ihre eigenen Bedürfnisse zu befriedigen und ihren Lebensstil zu wählen."

6.2 Die Wirtschaftsethik

6.2.1 Begriffe

Wirtschaftsethik bedeutet philosophisches Reflektieren über moralische Anschauungen im Hinblick auf persönliches moralisches Verhalten und Handeln. Sie regt also dazu an, über verantwortbares („wertvolles") Wirtschaften nachzudenken.

Das große Problem der Wirtschaft liegt nun darin, dass es sehr unterschiedliche Auffassungen von Wirtschaftsethik gibt. Der Schweizer Wirtschaftsethiker Ulrich teilt diese Auffassungen in drei Gruppen auf. Sie sind in der Abbildung auf der nächsten Seite dargestellt und werden später erklärt.

Reflektieren heißt: über etwas vertieft nachdenken. **Ethik** dient der Reflexion. **Moral** gibt ethisch reflektierte moralische Rechte und Pflichten sowie Normen (Regeln) für das tägliche Handeln vor.

Drei Auffassungen von Wirtschaftsethik

Wirtschaftsethik

Korrektive Wirtschaftsethik	Funktionalistische Wirtschaftsethik	Integrative Wirtschaftsethik
■ Sie will das ökonomische Handeln durch ethische Normen eingrenzen. ■ Sie wird als **Gegengift** gegen rein wirtschaftliches Denken verstanden.	■ Sie nutzt ethische Grundlagen und die Moral für wirtschaftliche Interessen. ■ Sie wird als **Schmiermittel** für wirtschaftliche Ziele verwendet.	■ Sie fundiert das wirtschaftliche Handeln auf ethisch begründeten Normen. ■ Sie reflektiert das wirtschaftliche Handeln aufgrund ethischer Vorstellungen. ■ Sie soll den **Wertboden** für eine andere, wertvolle ökonomische Realität schaffen.

6.2.2 Formen der Wirtschaftsethik

Vertreter der **korrektiven Wirtschaftsethik** orientieren sich weiterhin an der Gewinnmaximierung und verhalten sich dabei auf zwei Arten:

- Sie entlasten ihr Gewissen, indem sie „Gutes tun".

  Beispiel: Unternehmen spenden regelmäßig für wohltätige Zwecke oder sie errichten Stiftungen für soziale Zwecke. Sie wollen damit ihr rein ökonomisches Denken beschönigen.

- Sie rechtfertigen alles mit ökonomischen Sachzwängen, obwohl sie wissen, dass ihr Verhalten unmoralisch und ihre Begründung eine Ausrede ist. Im Hintergrund bleibt aber alles auf Gewinnmaximierung ausgerichtet.

  Beispiel: Ein Unternehmen verlagert seine Arbeitsplätze in Billiglohnländer und erklärt, das tun zu müssen, um Arbeitsplätze im Inland zu erhalten, obwohl es ihm nur um weitere Gewinnmaximierung geht.

Opportunistisches Denken heißt: prinzipienloses Anpassen der eigenen Meinung an die jeweilige Lage oder den eigenen Vorteil.

Die korrektive Wirtschaft ist unehrlich. Deshalb eignet sie sich nicht zur nachhaltigen Entwicklung der Wirtschaft und Gesellschaft.

Die **funktionalistische Wirtschaftsethik** hält am Prinzip der kurzfristigen Gewinnmaximierung fest. Sie beobachtet dazu die Veränderungen moralischer Verhaltensweisen bei den Stakeholdern und versucht sich sofort darauf auszurichten, um den Eindruck zu erwecken, man bemühe sich um ein moralisch besseres Verhalten. Tatsächlich dient das „bessere" Verhalten nur als Schmiermittel für eine weitere Gewinnmaximierung. Dieses Verhalten beruht meist auf opportunistischem Denken und trägt nichts zur Nachhaltigkeit bei.

Beispiele: In der Werbung behauptet ein Unternehmen: Wir verkaufen nur noch Bioprodukte und verhindern damit den schädlichen Einsatz von Kunstdünger. Dabei geht es ihm nicht um den Kunstdünger, sondern um die ökonomische Nutzung einer aktuellen Forderung.

Oder ein Unternehmen erklärt: Wir verkaufen keine Produkte mehr, die durch Kinder hergestellt werden (Kampf gegen Kinderarbeit). Deshalb kaufen wir selbst nicht mehr in Ländern mit Kinderarbeit ein, sondern beauftragen dort einen auf eigenen Namen und eigene Rechnung tätigen Kaufmann mit dem Einkauf. Ob er für uns trotzdem Produkte mit Kinderarbeit einkauft, liegt dann nicht mehr in unserer Verantwortung.

Deshalb trägt auch die funktionalistische Wirtschaftsethik wenig zu einem nachhaltigen Management bei.

Die **integrative Wirtschaftsethik** will Wirtschaft und Ethik miteinander versöhnen. Sie hält am Gewinn fest, will aber bewusst einen Gewinn unter Nebenbedingungen erzielen. Ihr Gesamtverhalten soll ein legitimes Erarbeiten des Gewinns sicherstellen.

Legitim ist eine Entscheidung oder ein Verhalten nur, wenn ein Unternehmen sein Verhalten, seine Ansprüche und Entscheidungen darauf hin überprüft, ob die Würde der betroffenen Menschen (Stakeholder) und ihre moralischen Rechte nicht angetastet und bedroht werden.

Grundlage der Legitimität ist also ein Moralprinzip der Unternehmensführung, das die umfassende und gegenseitige moralische Achtung der Würde und Rechte aller Menschen beinhaltet.

Wie nun Würde und moralische Rechte umschrieben werden sollen, kann niemand – auch keine Ethik – objektiv festlegen. Deshalb müssen die Verhaltensweisen der Unternehmen im gegenseitigen ernsten und rationalen Gespräch (**Diskurs** über die Interessen aller Stakeholder und die Entwicklungen in den Umweltsphären) gesucht werden, was nur gelingen kann, wenn alle Stakeholder **diskursfähig** sind, also

- auf die anderen Stakeholder gehört wird,
- die eigenen Interessen auf Legitimität hin überprüft sowie sachlich und öffentlich begründet werden können und
- ein Wille zum Konsens vorhanden ist.

Deshalb wird heute oft von **Diskursethik** und **Vernunftethik** gesprochen.

Aufgaben

Im Folgenden finden Sie Aussagen von Führungskräften und aus Geschäftsberichten. Ordnen Sie diese Aussagen den drei Auffassungen über Wirtschaftsethik zu und beurteilen Sie sie:

1. *Dank der Arbeitsplatzverlagerungen nach Asien konnten wir die Produktionskosten senken und die Gewinne steigern. Dass ein Arbeitsplatzabbau damit verbunden war, bedauern wir sehr. Zugleich waren wir aber in der Lage, die Spenden für Sozialwerke mehr als zu verdoppeln.*

2. *Als Hersteller von alkoholischen Getränken sind wir uns bewusst, dass Alkohol schädlich sein kann. Im Interesse der Erhaltung unseres Unternehmens können wir natürlich auf Werbung nicht verzichten. Wir haben uns deshalb entschieden, unsere Werbung so zu gestalten, dass sie junge Leute nicht mehr anspricht. Zudem verzichten wir auf Werbeaussagen wie „Alkohol befreit", „Alkohol macht glücklich" oder ähnliches.*

Ein **Investmentfonds** (Anlagefonds) ist ein Vermögen von Anlegern (Sparern) mit dem Ziel, ihr Kapital gemeinsam anzulegen, um das Risiko besser zu verteilen.

Eine **Stiftung** ist die Widmung eines Vermögens für bestimmte Zwecke. Das Vermögen des Stifters wird zu einem bestimmten Zweck verselbständigt.

3. *Ein amerikanischer Investmentfonds investiert stark in Vietnam, weil er die künftigen Gewinnaussichten in diesem Land sehr hoch einschätzt. Bei der Gründung wird beschlossen, eine von Drittpersonen betreute firmeneigene Stiftung zu gründen und jedes Jahr zunächst 20 % des Gewinns in diesen Fonds einzubezahlen. Zweck sei, Beiträge zur ärztlichen Behandlung von Kindern der dritten Nachkriegsgeneration zu leisten, die körperliche Schädigungen durch den Einsatz von Agent Orange davongetragen haben. Agent Orange wurde im Vietnamkrieg von den Amerikanern zur Entlaubung von Wäldern eingesetzt und ist hochgiftig. Das Unternehmen zieht aus der Stiftung keinen Nutzen, weil es in Vietnam nur investiert und keine Kunden hat.*

4. *Ein Unternehmen entscheidet sich, im Jahresbericht seine Lohnpolitik bekannt zu geben, die Löhne aller Hierarchiestufen sowie die Entschädigungen von Aufsichtsrat und Geschäftsleitung detailliert zu veröffentlichen.*

Mit einem **Sozialplan** wird bei Massenentlassungen von den Unternehmen ein Betrag bereitgestellt, um den Ausscheidenden zu helfen, wirtschaftliche Nachteile zu beseitigen. Sozialpläne werden von betroffenen Unternehmen mit den Mitarbeitern und/oder ihren Gewerkschaften ausgehandelt.

5. *Ein Unternehmen gibt die Verlagerung eines Teils der Produktion nach Polen und die Entlassung der Hälfte aller Mitarbeiter bekannt. Es teilt mit, dass wegen der hohen Lohnkosten nur mit dieser Produktionsverlagerung seine Konkurrenzfähigkeit erhalten bleibt und die restlichen inländischen Arbeitsplätze gesichert werden. Gleichzeitig teilt das Unternehmen mit, dass es für die ausscheidenden Mitarbeiter mit den Gewerkschaften einen guten Sozialplan erarbeitet hat.*

6.3 Orientierungshilfen für Unternehmen beim normativen Management

6.3.1 Übersicht

Heute stehen den Unternehmen für das normative Management drei Orientierungshilfen zur Verfügung:

Orientierungshilfen für das normative Management

Code of Conduct (Code of Ethics)	Code of Corporate Governance (Code of Best Practice)	Initiative zur Corporate Social Responsibility (CSR)
▪ Sie werden individuell vom Unternehmen erlassen. ▪ Sie geben Verhaltensregeln für die Mitarbeiter im Unternehmen vor.	▪ Sie werden von Wirtschaftsverbänden oder staatlichen Kommissionen erlassen. ▪ Sie beinhalten Regeln für die Führung von Aktiengesellschaften.	▪ Sie werden von Organisationen (häufig NGO's) erlassen. ▪ Es handelt sich um Vorschläge, wie Unternehmen eine größere Verantwortung wahrnehmen sollen.

Oft wird in diesem Zusammenhang von **Corporate Social Responsibility** oder von **Good Corporate Citizenship** gesprochen.

6.3.2 Code of Conduct

Der Code of Conduct stellt für die Mitarbeiter eines Unternehmens einen **Verhaltenskodex** dar, d. h., er zeigt, was sie dürfen und nicht dürfen. Üblicherweise beinhaltet er die folgenden Themen:

Mögliche Disposition eines Codes of Conduct

1. **Pflicht** zum Einhalten aller Gesetze und betrieblichen Weisungen
2. **Pflicht** zum Einhalten aller Betriebsregeln (z. B. Arbeitsschutzmaßnahmen, Spesenregelung, Vorschriften über Geheimhaltung)
3. **Beachtung** der Menschenrechte (z. B. keine Kinderarbeit, Sicherstellen der Würde der Frau)
4. **Verbot,** unerlaubte Vorteile anzunehmen (z. B. große Geschenke, Bestechungsgelder)
5. **Verbot,** unerlaubte Vorteile anzubieten (z. B. Schmiergelder)
6. **Verbot** der Absprachen (z. B. Preisabsprachen mit Konkurrenten) und Manipulationen (z. B. mit falschen Daten)
7. **Vermeiden** von Interessenskonflikten (z. B. man nimmt die Interessen verschiedener Gruppen wahr)
8. **Vertraulicher Umgang** mit betriebsinternen Angelegenheiten

6.3.3 Code of Corporate Governance

Die am häufigsten verwendete Umschreibung von **Corporate Governance** lautet: Sie ist die Gesamtheit der auf das Aktionsinteresse ausgerichteten Grundsätze, die unter Wahrung von Entscheidungsfähigkeit und Effizienz auf der obersten Unternehmensebene Transparenz und ein ausgewogenes Verhältnis von Führung und Kontrolle anstreben.

Ein Code of Corporate Governance (Österreich: Österreichischer Corporate Governance Kodex, erlassen vom österreichischen Arbeitskreis für Corporate Governance) ist ein Regelwerk oder Ordnungsrahmen für die Leitung und Überwachung von Aktiengesellschaften. Er verfolgt das Ziel einer verantwortlichen, auf nachhaltige und langfristige Wertschaffung ausgerichteten Leitung und Kontrolle von Gesellschaften. Mit ihm soll ein hohes Maß an Transparenz für alle Stakeholder erreicht werden.

Der Kodex hat keinen rechtlichen, sondern nur empfehlenden Charakter. Deshalb gilt für ihn das Prinzip „Comply or Explain", was heißt, dass die Unternehmen Regeln folgen. Wenn sie es nicht tun, sollen sie den Stakeholdern erklären, warum.

Die Codes of Conduct aller Länder lassen sich im Internet finden. Deshalb müssen Sie mit den Suchstrategien im Internet vertraut sein.

Arbeitstechnik
Suchstrategien im Internet
(siehe Anhang 7)

6.3.4 Initiativen zur Umschreibung der Corporate Social Responsibility

Seit einigen Jahren bemühen sich internationale Organisationen und private Interessensgruppen, Regeln für den Aufbau einer sozialen Legitimität der Arbeit von Unternehmen aufzustellen. Es sollen Ideen umschrieben werden, die geeignet sind, das Vertrauen in Wirtschaft und Unternehmen zu erhöhen und damit eine störungsfreiere Entwicklung der Weltwirtschaft herbeizuführen. Leider haben solche Initiativen nur empfehlenden Charakter. Das Post-it der nächsten Seite zeigt die Leitprinzipien dieser Initiativen.

Diese Initiativen sind der **UN Global Compact** (von einer Kommission der UNO entwickelt) sowie die **World Ethos Declaration** (von der Global Ethic Foundation entworfen). Um die Wirksamkeit dieser Initiativen zu erhöhen, können beispielsweise Unternehmen am UN Global Compact mitwirken: Die Unternehmen erklären in einem Brief an den UN-Generalsekretär, dass sie die Ideen des UN Global Compacts unterstützen. Weiters gehen sie die Verpflichtung ein, sich nach dessen Prinzip zu verhalten. Um als verantwortungsbewusste Gesellschaften anerkannt zu werden, müssen sie der UNO jährlich einen Fortschrittsbericht vorlegen (Communication on Prozess).

Der **UN Global Compact** und die **World Ethos Declaration** sind über Google aufzufinden. Verwenden Sie die Suchstrategie, um sich selber ins Bild zu setzen.

Leitprinzipien:

1. **Charakterisierung der Absichten:** Freiwillige Empfehlungen zur Gestaltung einer verantwortungsvollen Unternehmensführung (Reaktion auf gesellschaftlichen, wirtschaftlichen und ökologischen Druck aus der Öffentlichkeit)
2. **Vorbehaltlose Akzeptanz der Menschenrechte** (Gewaltfreiheit und Respektierung des Lebens)
3. **Stärkung der ökologischen Verantwortung** (Umweltverträglichkeit)
4. **Gerechtigkeit und Solidarität**
5. **Einhalten von Standards** für die Arbeit in Unternehmen (Schutz der Arbeitskräfte, Mitwirkungsrechte, Human Resource Management)
6. Vorgaben **gegen** alle Formen von **Korruption** in der Wirtschaft (Schmiergelder und Bestechung)
7. **Transparenz** (Berichterstattung)
8. **Rücksichtnahme** auf lokale Gegebenheiten

6.4 Die Verantwortung von Unternehmen (Corporate Social Responsibility oder ESG)

Immer mehr Unternehmen bemühen sich bei ihrer Tätigkeit, die Verantwortung für die Menschen und für die Umwelt fortlaufend zu verbessern. Deshalb übernehmen sie die Idee der Corporate Social Responsibility (ESG), d. h., sie entscheiden sich bei ihrer Tätigkeit für die ökologische (E = Ecological), für die soziale (S = Social) und für die Verantwortung der Führung des Unternehmens (G = Governance) einzustehen. Fairness, Korrektheit und Ehrlichkeit sollen die Strategie charakterisieren. Das Ziel ist die **Nachhaltigkeit** der Unternehmensführung.

6.4.1 Nachhaltige Unternehmensführung

Nachhaltigkeit ist das derzeit übergeordnete Ziel für die gesamte Wirtschaft und die einzelnen Unternehmen. Die ökologischen, sozialen und die Governance-Ziele sollen in überlegter Weise in das strategische Denken aufgenommen werden.

Verantwortungsbewusste Unternehmen achten darauf, ihre Tätigkeit in glaubwürdiger Weise nachhaltig zu gestalten, d. h. ESG-Maßnahmen zum Wohle der Menschen und der Umwelt systematisch umzusetzen. Grundlage für das ESG bilden Werthaltungen und Einstellungen, die in Dialogen (Diskursethik und Vernunftethik) durch die Unternehmen zu erarbeiten und umzusetzen sind.

In der folgenden Tabelle findet sich eine Liste für mögliche Kriterien des ESG, die in einem Unternehmen auf Dialogbasis erarbeitet und umgesetzt werden können.

Ökologische Kriterien	Soziale Kriterien	Governance-Kriterien
■ sparsamer Ressourcenverbrauch ■ Abfallvermeidung ■ keine schädlichen Rohstoffe ■ keine gesundheitsschädlichen Nahrungsmittel ■ usw.	■ Mitarbeiter/innen ■ Menschenrechte ■ keine Kinderarbeit ■ Arbeitsbedingungen ■ Gesundheitsschutz ■ Löhne ■ Mitarbeiterförderung ■ usw.	■ Information und Transparenz für Stakeholder ■ Einhalten der Rechtsordnung ■ Korruptionsbekämpfung ■ usw.

6.4.2 ESG in der Strategie

Die Wechselwirkungen zwischen ökonomischer Strategie und ESG-Kriterien stellen viele Unternehmen vor große Herausforderungen.

Ein möglicher Weg sieht wie folgt aus: Zuerst wird der ökonomische Teil der Unternehmensstrategie erarbeitet. Anschließend wird er mit den erarbeiteten ESG-Kriterien konfrontiert, um schließlich zur endgültigen Strategie des Unternehmens zu gelangen. Die folgende Darstellung verdeutlicht die Vorgehensweise am Beispiel eines Herren- und Damenmodegeschäfts (Auszug).

Beispiel: Ökonomische Strategie mit ESG-Kriterien

Ökonomische Strategie		ESG-Kriterien (Nachhaltigkeit)
		Ausschlusskriterien: ■ keine Kinderarbeit ■ keine sexistische Werbung
		Nachhaltigkeitskriterien
■ Verlagerung großer Teile nach Bangladesch (geringere Kosten für Stoffeinkauf und Nähen)	⇄	■ Produktion in Österreich (mit besseren Arbeitsbedingungen?)
■ umfassende Überarbeitung der Kundenbeziehungen mit elegantem Werbeauftritt (bessere Werbewirkung)	⇄	■ umweltfreundlichere Verpackungen (weniger Kunden mangels Eleganz?)
■ Umbau und Vergrößerung aller unserer Verkaufsgeschäfte (bessere Präsenz)	⇄	■ Minergie-Standard (geringerer Energieaufwand?)
■ Personaleinsparungen, dafür mehr Mitarbeitende in Teilzeit und auf Werksvertragsbasis	⇄	■ Kosteneinsparungen (soziale Verantwortung für Mitarbeiter/innen?)

Ausschlusskriterien heißt: Ein Kriterium gilt absolut in jeder Situation.

Minergie-Standard: Schweizer Baustandard für neue und modernisierte Gebäude. Minergie-Bauten haben einen sehr geringen Energiebedarf und einen hohen Anteil an erneuerbaren Energien.

Dieses Beispiel zeigt das Spannungsfeld und die Wechselwirkungen zwischen ökonomischen Überlegungen und ESG-Kriterien. Zu allen vier Zielen der ökonomischen Strategie gesellen sich ESG-Fragen. Hat die Geschäftsleitung die ESG-Kriterien bei der Strategiearbeit bewilligt, gibt es keine Diskussionen mehr. Die beschlossenen ESG-Kriterien sind in die Strategie einzubringen. Es wird im Sinne der Zielvorstellungen im Rahmen des ESG entschieden.

Oft zeigt sich aber, dass Geschäftsleitungen in kritischen Situationen (z. B. Erwartung finanzieller Verluste) wieder die ökonomischen Ziele ohne Einbezug der ESG-Kriterien durchsetzen wollen, was zu hitzigen Diskussionen führen kann.

6.4.3 Nachhaltig wirtschaften in der Zukunft – ein Plädoyer

Wenn in der Wirtschaft etwas passiert, was die Öffentlichkeit stört (z. B. Umweltbelastung durch den Lärm großer Maschinen), ärgert (hohe Löhne für Führungskräfte), oder mit für sie unerwünschten Problemen verbunden ist (z. B. Erhöhung des Rentenalters), entstehen Reaktionen in der Bevölkerung, die durch vorgefasste Meinungen, durch eigene Wertehaltungen und Emotionen oder durch mangelndes Wissen entstehen. Nicht selten wird die Wirtschaft ganz allgemein für viele Fehlentwicklungen verantwortlich gemacht. Neuerdings beginnen aufgebrachte Leute sogar gegen die Wirtschaft zu demonstrieren, Eingänge zu Unternehmen zu besetzen und Führungskräfte der Wirtschaft zu beleidigen.

In der Tat gibt es immer noch Unternehmen, welche der Corporate Social Responsibility zu wenig Aufmerksamkeit schenken und nur an die Gewinnmaximierung denken – auch wenn diese Beispiele immer mehr zur Ausnahme werden.

Aktionismus bezeichnet unreflektiertes oder zielloses Handeln ohne ein Konzept.

Hilfreich wäre daher ein sachlicherer Umgang mit ökonomischen Problemen in Wirtschaft und Gesellschaft. Aber selbst bei einer sorgfältigen Beherzigung der ESG-Kriterien ist festzuhalten, dass nicht alle Problemfelder kurzzeitig lösbar sind. Die Ansprüche des ESG stellen eine große Herausforderung dar, welche nicht durch oberflächliche Kritik von Aktivisten lösbar sind. Deshalb sollten Menschen in einer Marktwirtschaft mit vielen Freiheiten und mit einem angemessenen Wohlstand lernen, sachbezogene Kritik an der Wirtschaft zu üben, über Zielkonflikte nachzudenken und für machbare Lösungen und nicht für bloßen Aktionismus einzutreten. Es sollten Lösungen gefunden werden, die von der Mehrheit der Bevölkerung angenommen werden. Nur auf diese Weise ist ein vernünftiger Fortschritt in der Gesellschaft und in der Wirtschaft weiterhin möglich.

7 Die Struktur eines Unternehmens

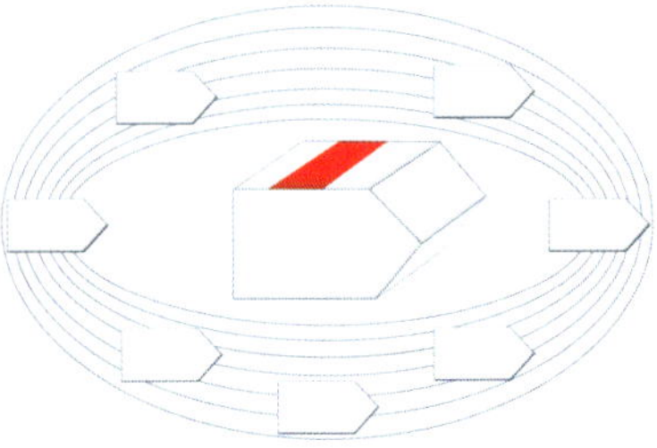

In den letzten Jahrzehnten hat sich die Wirtschaft stark verändert:
- Die gesellschaftliche **Arbeitsteilung** schreitet voran: Die anfallenden Arbeiten werden auf immer mehr Stellen und Leute verteilt.
- Die **Transaktionskosten** sinken: Güter werden kostengünstiger transportiert und Daten lassen sich dank neuer Kommunikationsmittel rascher und leichter übermittelt.
- Die Arbeitsabläufe werden **standardisiert:** Einzelne Arbeitsschritte werden vereinfacht und vereinheitlicht.

Arbeitsteilung, Transaktionen und Standardisierung zwingen die Unternehmen, sich eine **Struktur** (Ordnung, Organisation) zu geben, damit mit kleinerem Aufwand möglichst gute Leistungen erzielt werden. Die Strukturen dienen also dazu,

- die Arbeitsteilung im Unternehmen zu gestalten. Zu diesem Zweck sind anfallende Arbeiten auf einzelne Stellen zu verteilen und eine **Aufbauorganisation** zu gestalten.
- die auf einzelne Stellen anfallenden Aufgaben aufeinander abzustimmen (zu koordinieren) und wieder zu einem Gesamten zusammenzuführen (zu integrieren). Es ist eine **Ablauforganisation** aufzubauen, bei der Arbeitsprozesse gut ablaufen und koordiniert sind.

Deshalb sollen Sie die Formen und Wichtigkeit der Aufbau- und Ablauforganisation in einem Unternehmen beschreiben und mögliche Formen beurteilen können. Das Gelernte können Sie verwenden, wenn Sie beispielsweise ein Fest organisieren müssen.

7.1 Organisationstheorien

Oft wird darüber gestritten, welche Wertvorstellungen die Strukturen eines Unternehmens prägen sollen. Viele Menschen meinen, ein Unternehmen benötige genau festgelegte Strukturen, um zielstrebig zu arbeiten. Andere Leute wollen geringe Strukturen, weil sie glauben, möglichst freie Beziehungen unter Menschen führen zu besseren Leistungen. Viele **Organisationstheorien** versuchen auf diesen Gegensatz eine Antwort zu geben.

Technokratische Ansätze

Sie konzentrieren sich auf Strukturformen, bei denen Arbeitsteilung und Spezialisierung mit dem Ziel einer höheren wirtschaftlichen Leistung im Vordergrund stehen. Dazu gehören

- die **Bürokratisierung,** in der alles bis in die kleinsten Einzelheiten geregelt ist und Hierarchie eine wichtige Rolle spielt.
- das **Scientific Management,** mit dem für die Struktur des Unternehmens eine Trennung von Hand- und Kopfarbeit, eine strenge Auswahl der besten Arbeitskräfte und starke Spezialisierung auf Teilaufgaben angestrebt wird. Die beste Struktur beruht auf wissenschaftlich durchgeführten Experimenten.

Menschenorientierte Ansätze

Sie wollen als Reaktion auf die technokratischen Ansätze den Menschen mit seinen Bedürfnissen in den Mittelpunkt stellen. Dazu zählen

- die **Human-Relation-Theorie,** mit der die Struktur stärker auf die Bedürfnisse der Menschen und deren Arbeitszufriedenheit ausgerichtet werden soll. Ausgegangen wird von der Vorstellung, dass Arbeitszufriedenheit die Arbeitsproduktivität der Mitarbeiter erhöht.
- die **Motivationstheorie,** mit der neben der Arbeitszufriedenheit die Motivation (innerer Antrieb, etwas leisten zu wollen) gestärkt werden soll. Dabei sind die organisatorischen Maßnahmen Job Enrichment, Job Enlargement und Job Rotation von Bedeutung.

Organisationstheorien beschreiben im Modell Wertvorstellungen über eine Organisation und mögliche Formen der Organisation.

Zum Überlegen:
Es wird immer häufiger kritisiert, dass sich die Staatsverwaltung zu einer ineffizienten Bürokratie, geprägt von bürokratischer Organisation, entwickle. Ganz falsch ist diese Aussage nicht – aber nicht zu Ende gedacht. Wo liegt eine entscheidende Ursache zunehmender Bürokratisierung der Staatsverwaltung?

Arbeitsproduktivität
Sie ist eine Kennzahl für die menschliche Arbeitsleistung (z. B. Umsatz pro Mitarbeiter, produzierte Stückzahl pro Stunde).

Job Enrichment
Die Tätigkeit eines Mitarbeiters wird – oft nach einer Weiterbildung – durch Aufgaben mit höherem Anspruchsniveau ergänzt.

Job Enlargement
Die Tätigkeit eines Mitarbeiters wird mit neuen Aufgaben auf gleichem Anspruchsniveau ergänzt.

Job Rotation
Ein Mitarbeiter erhält regelmäßig eine andere Tätigkeit im gleichen Betrieb, um sein Können zu erweitern.

Zum Überlegen:
Die Organisationstheorien gehen von unterschiedlichen Wertvorstellungen aus:

1. Wie denken Sie ganz spontan über diese Theorien?
2. Nehmen Sie an, Sie müssten die erweiterte Buchhandlung Hainzl organisieren. Welches Wissen brauchen Sie zusätzlich, um diese Aufgabe zu erfüllen?

7.2 Formen der Strukturbildung (Organisationsformen)

7.2.1 Merkmale der Aufbau- und Ablauforganisation

Die folgende Abbildung zeigt schematisch, was unter einer Aufbau- und Ablauforganisation verstanden wird.

Aufbau- und Ablauforganisation

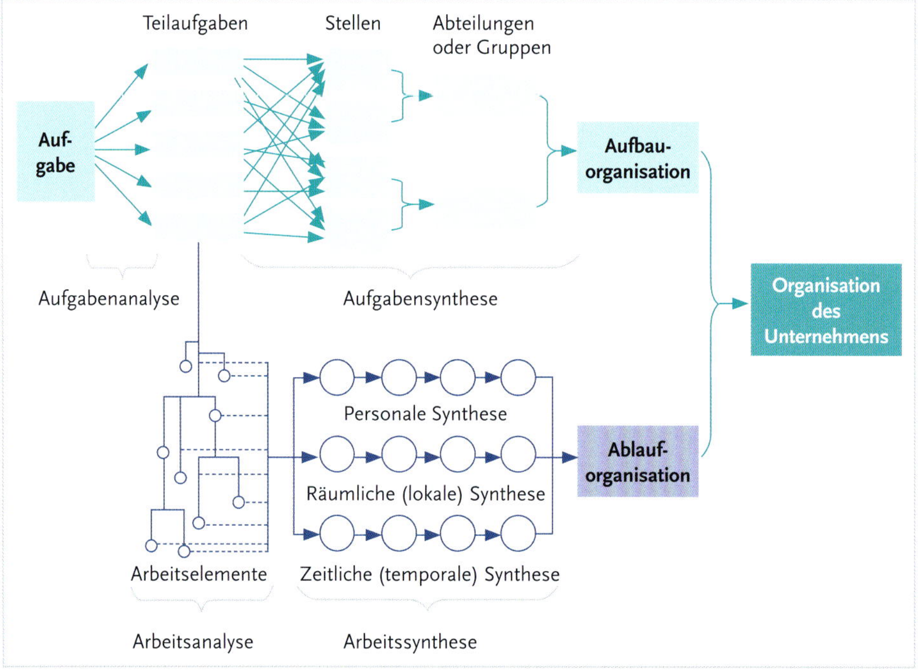

In einem Unternehmen müssen viele Aufgaben erfüllt werden, um die gesteckten Ziele zu erreichen. Deshalb wird bei der Gestaltung seiner Organisation zuerst eine **Aufgabenanalyse** durchgeführt, bei der die Gesamtaufgabe in Teilaufgaben gegliedert wird. Dann erfolgt eine **Aufgabensynthese,** indem die Teilaufgaben Stellen zugeordnet werden. Dann werden die einzelnen Stellen Abteilungen oder Gruppen zugeordnet. Auf diese Weise entsteht die **Aufbauorganisation,** die durch ein Organigramm dargestellt wird.

Mit einer **Arbeitsanalyse** wird ermittelt, welche Arbeitselemente die Teilaufgaben umfassen, um die Arbeitselemente mit einer **Synthese** zu optimalen Arbeitsabläufen auszugestalten. Diese Abläufe betreffen den Einsatz von jeweils geeignetem Personal (personale Synthese), die räumliche Gestaltung der Arbeitsabläufe (räumliche oder lokale Synthese) und zeitlich optimale Abläufe (zeitliche oder temporale Synthese). Daraus ergibt sich die **Ablauforganisation** eines Unternehmens.

Insgesamt besteht also die **Organisation** eines Unternehmens aus der **Aufbau-** und der **Ablauforganisation.**

Hierarchie heißt: Rangordnung von über- und untergeordneten Stellen oder Personen.

Zum Überlegen:

1. Braucht es Ihrer Meinung nach Hierarchien?
2. Welche Anforderungen stellen Sie an übergeordnete Personen, wenn es Hierarchien gibt?

7.2.2 Die Aufbauorganisation

Das **Organigramm** eines Unternehmens zeigt dessen Aufbauorganisation. Es stellt dar:

- Die Eingliederung der einzelnen Stellen und Abteilungen oder Gruppen in die Gesamtstruktur des Unternehmens.
- Die Art der Stelle (Linie oder Stab).
- Die Über- und Unterordnung der Stelle (Hierarchie des Unternehmens).

Im Verlauf der Zeit haben sich verschiedene **Formen** von Aufbauorganisationen entwickelt, die in unterschiedlichen Organigrammen dargestellt werden:

Formen der Aufbauorganisation

Aufbauorganisation

Eindimensionale Organisation

Jeder Stelle ist eine bestimmte Stelle übergeordnet

- **Funktionale Organisation**
- **Divisionale Organisation**
  - nach Ländern
  - nach Kunden
  - nach Produkten

Zweidimensionale Organisation

Zwei Organisationen überlagern sich:

- Primärstruktur, bei der die normalen Aufgaben (Routineaufgaben) im Vordergrund stehen.
- Sekundärstruktur, die für die Lösung besonderer Aufgaben (innovative Aufgaben) die primäre Struktur überlagert.

- **Produktorganisation**
- **Matrixorganisation**

Diese einzelnen Formen unterscheiden sich wie folgt:

- **Funktionale Organisation**
  Die Abteilungen (Gruppen) werden nach Funktionen (Aufgaben) gebildet. Jede Abteilung bildet einen Teil des Ganzen.

  Unternehmensleitung

Produktentwicklung	Produktion	Verkauf	Administration

  Die funktionale Organisation hat den **Vorteil,** dass
  - für jeden Aufgabenbereich Fachleute eingesetzt und
  - gleichartige Aufgaben für das ganze Unternehmen zusammengefasst und damit rationeller erledigt werden können.

Ein Beispiel für einen funktionalen Organisationsaufbau finden Sie in der TRAUNER-DigiBox.

- **Divisionale Organisation**
  Die Abteilungen werden nach Ländern, nach Kunden oder nach Produkten (= Sparten) gegliedert. Jede Abteilung (Sparte) ist weitgehend selbstständig (ein Unternehmen im Unternehmen).

  Unternehmensleitung

Sparte I	Sparte II	Sparte III
Produkt A oder **Land X** oder **Kunde K**	**Produkt B** oder **Land Y** oder **Kunde L**	**Produkt C** oder **Land Z** oder **Kunde M**

Die divisionale Organisation hat den **Vorteil,** dass

- die Kenntnisse der Mitarbeiter zielgerichtet ausgenützt werden können und
- die Zusammenarbeit der einzelnen Abteilungen beim gleichen Produkt besser koordiniert werden kann als bei der funktionalen Organisation.

Nachteilig können sich

- Doppelspurigkeiten auswirken, und
- dass infolge der Kleinheit der Produktionsmenge bei den einzelnen Produkten nur ungenügend rationalisiert werden kann.

Es kann zu Überschneidungen von Anweisungen kommen.

- **Produktorganisation**
  Die Primärstruktur ist nach Funktionen gegliedert und wird von der nach Produkten aufgeteilten Sekundärstruktur überlagert.
  Diese Organisation wird in Unternehmen mit vielen Produkten gewählt, damit sich je eine Stelle auf jeweils ein Produkt konzentriert. Diese Stelle (Produktmanager) ist für den Verkauf des jeweiligen Produkts zuständig und dafür verantwortlich.

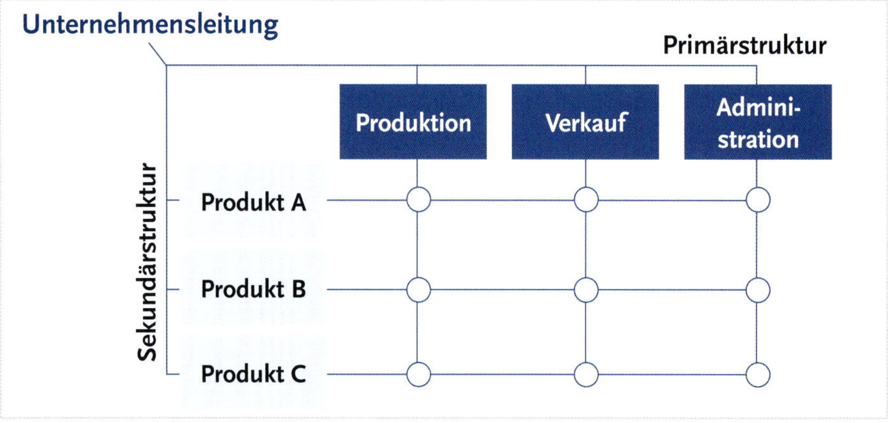

- **Matrixorganisation**
  Bei dieser Organisationsform werden Prozessverantwortliche bestimmt. Sie haben die Aufgabe, alle Prozessschritte funktionsübergreifend zu koordinieren und Informationen sicherzustellen. Prozessverantwortliche können je nach Ausgestaltung nur Koordinations-, aber auch Entscheidungskompetenzen haben.

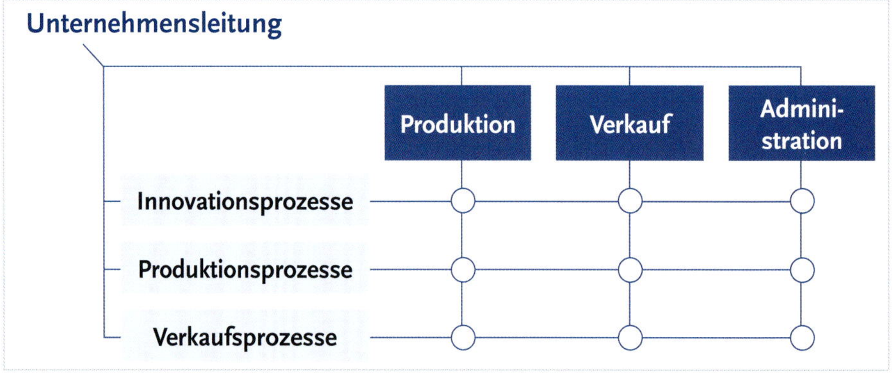

Beide Formen von **zweidimensionalen Organisationen** haben folgende **Vorteile:**

- Das Sachwissen aller Mitarbeiter kann zielgerichtet eingesetzt werden.
- Die Gliederung nach Funktionen in der Primärstruktur erlaubt eine Spezialisierung, während die Sekundärstruktur den direkten Zugang zu den Kunden bzw. die Koordination von Innovationen sichert.

Nachteile:

- Es kann zu Interessenkonflikten oder Machtkämpfen zwischen den Mitarbeitern der beiden Strukturen kommen.
- Wenn der Wille zur offenen Zusammenarbeit fehlt, funktioniert die zweidimensionale Organisation nicht.

Aufgabe zur zweidimensionalen Organisation

Ein großes Unternehmen produziert an einem Standort Schinken, Würste, Pizzen, Tierfutter für Hunde und Katzen sowie Sandwiches. Die Unternehmensleitung hat sich eben entschieden, im Interesse der Verbesserung ihrer Wirtschaftlichkeit zu einer zweidimensionalen Organisation überzugehen. Nun bricht aber ein Streit über die beste Form aus.

Eine Gruppe von Führungskräften will ein Produktmanagement und führt folgenden Grund an: In unserer Branche herrscht ein großer Wettbewerb. Nur noch wenige Kunden kaufen unsere Produkte. Deshalb brauchen wir Produktmanager, die mit großer Sachkenntnis der Produkte, für die sie zuständig sind, unsere wenigen Kunden unterstützen können. Weil Produktmanager für ihr Produkt verantwortlich sind, werden sie alles tun, um mit ihren Produktkenntnissen unsere Kunden bestens zu unterstützen.

Eine andere Gruppe von Führungskräften argumentiert wie folgt: Der Konkurrenzkampf zwingt uns zu dauernden Innovationen. Nur auf diese Weise bleiben unsere Produkte „Stars" und „Cash Cows". Deshalb brauchen wir nicht Produktmanager, die sich einzig und allein auf das von ihnen betreute Produkt ausrichten. Es besteht die Gefahr, dass es uns nicht gelingt, rechtzeitig neue Produkte auf den Markt zu bringen. Wir benötigen Spezialisten in den Bereichen Innovation, Produktion und Verkauf, die Neuerungen für alle Produkte umsetzen können. Deshalb brauchen wir eine Matrixorganisation.

Aufgabe: Auswertung dieser Situation

Wie entscheiden Sie sich und welche Begründung führen Sie an?

Projektorganisation als Erweiterung der eindimensionalen Organisation

Zwar ist die eindimensionale Organisation einfacher als die zweidimensionale, aber oft starr und langsamer an veränderte Umweltbedingungen anzupassen. Zudem ist sie stark auf Routine und repetitive Aufgaben ausgerichtet. Deshalb gehen Unternehmen, die an der eindimensionalen Organisation festhalten wollen, zu einer **Projektorganisation** über.

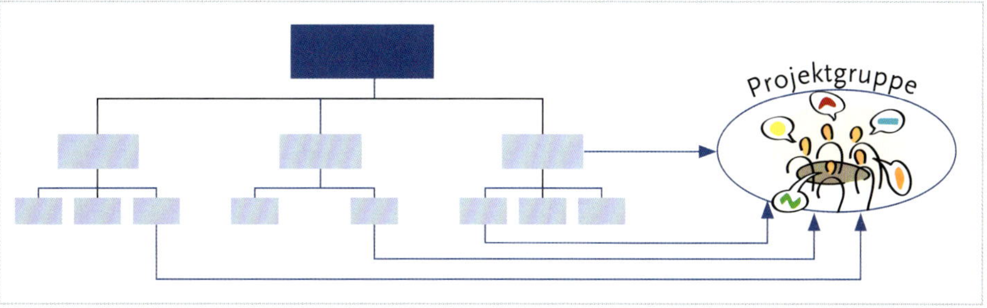

Für ein neuartiges Vorhaben (Innovation) wird für bestimmte Zeit eine Projektgruppe mit Mitarbeitern aus allen Abteilungen, die etwas zum Vorhaben beitragen können, zusammengestellt und eingesetzt. Hat die Projektgruppe ihre Ziele erreicht, wird sie aufgelöst. Die Mitglieder dieser Projektgruppe wirken vollamtlich oder neben ihrer täglichen Arbeit mit.

Vorteile	Nachteile
▪ Eine innovative Aufgabe kann durch die Projektgruppe rasch, selbständig und mit den bestgeeigneten Leuten ausgeführt werden. ▪ Die Projektgruppe arbeitet unabhängig, dadurch gibt es keine Doppelspurigkeiten oder Interessenkonflikte.	▪ Die Projekte sind oft teuer. ▪ Die Projektgruppe benötigt einen sehr starken und kompetenten Projektleiter, der sich während der Projektdauer seiner üblichen Arbeit nicht voll widmen kann. ▪ Eine schlechte Zusammensetzung der Projektgruppe behindert den Erfolg.

Aufgabe: Auswertung dieser Situation

Entwerfen Sie eine Matrixorganisation für die „Neue Nachrichten"!

Aufgabe: Fortsetzung „Neue Nachrichten"

Betrachten Sie noch einmal die Diskussion der fünf Brüder, welche die „Neue Nachrichten" besitzen. Sie haben sich entschieden, das Fernsehen weiterzuführen. Sie wollen aber die Aufbauorganisation verbessern und entscheiden sich für die Entwicklung einer Matrixorganisation.

7.2.3 Die Ablauforganisation

Die **Ablauforganisation** legt fest, welche Aufgaben in welcher zeitlichen Abfolge zu erfüllen sind. Sie zeigt mit anderen Worten **Prozessstrukturen,** die darauf ausgerichtet sind, alle Abläufe aufeinander abzustimmen: Die Arbeiten müssen zum richtigen Zeitpunkt und kostengünstig geleistet werden.

Früher beschäftigten sich Unternehmen vor allem mit der Aufbauorganisation. Heute wird die Ablauforganisation immer wichtiger, denn der Wunsch nach guter Qualität richtet sich sowohl auf Produkte und Dienstleistungen als auch auf zuverlässige und pünktliche Lieferungen aus. Deshalb wird häufig von einem Zeit- und Geschwindigkeitsmarkt („time to market") gesprochen. „Time to market" verlangt eine immer stärkere **Standardisierung** aller Arbeitsabläufe in einem Unternehmen.

Standardisierung heißt: Vereinfachung und Systematisierung von sich wiederholenden Arbeitsabläufen.

Ablauforganisation

(Ausschnitt aus einem manuellen Arbeitsablauf in herkömmlicher Weise)

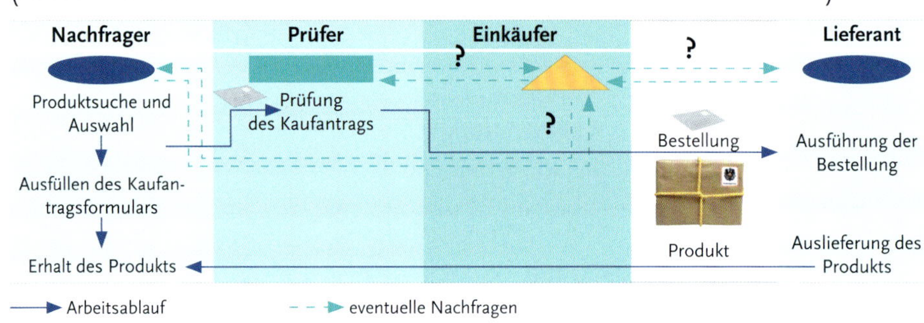

Ein Beispiel für eine Ablauforganisation finden Sie in der TRAUNER-DigiBox.

Die obenstehende Abbildung zeigt den Arbeitsablauf (Ablauforganisation) in einem Unternehmen, das Maschinen herstellt. An jedem Arbeitsplatz werden für die Herstellung einer Maschine Halbfabrikate (Schrauben, Nägel, Kunststoffteile) benötigt. Wenn ein Mitarbeiter (Nachfrager) ein Halbfabrikat benötigt, sucht er es in einem Verzeichnis heraus und bestellt es mit einem Antragsformular (Produktsuche, Auswahl und Ausfüllen des Antragsformulars). Dann sendet er das Antragsformular an eine Stelle (Prüfer), die alle Anträge auf Richtigkeit und Berechtigung überprüft. Von dort geht die Bestellung an den Lieferanten, der das Produkt über die Lagerabteilung an den Nachfrager sendet. Weil das Verzeichnis beim Nachfrager oft nicht ganz neu ist, erkundigt sich der Nachfrager beim Einkäufer, ob das Verzeichnis noch stimmt, um richtig zu bestellen. Der Einkäufer übergibt das Verzeichnis auch dem Prüfer. Dieser ist manchmal auch unsicher, ob das Verzeichnis noch nachgeführt ist. Deshalb wendet er sich an den Einkäufer. Der Einkäufer kauft beim Lieferanten in größeren Mengen ein, der aber für einzelne Bestellungen gelegentlich Einzelheiten nachfragen muss. Der Lieferant liefert das Produkt aufgrund jeder einzelnen Bestellung.

Es wird sofort ersichtlich, dass diese Ablauforganisation kompliziert und damit kostspielig ist. Deshalb muss sie überarbeitet werden (Erneuerung) (siehe dazu Abbildung auf Seite 55 im Abschnitt 9.3.2).

8 Die Kultur eines Unternehmens

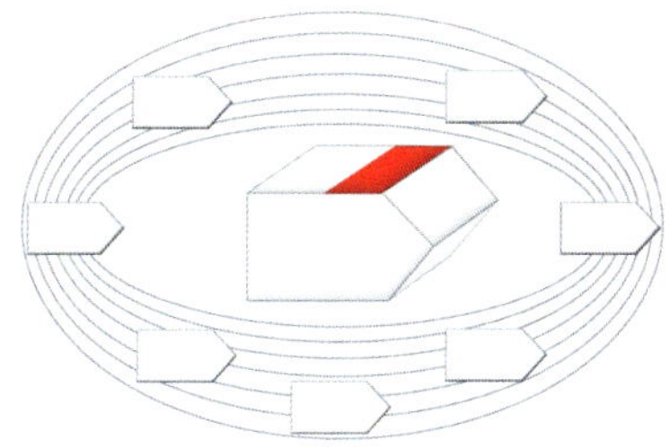

Beobachtet oder besucht man ein Unternehmen, so erkennt man ziemlich rasch, wie hier die „Stimmung" ist: Alle Mitarbeiter verhalten sich in bestimmten Situationen ähnlich oder gleich und in heiklen Situationen lässt sich recht gut voraussagen, wie sie reagieren oder was sie tun. Einige Beispiele sollen das veranschaulichen:

- Sobald in einer Abteilung eines Großunternehmens ein Mitglied der Geschäftsleitung erscheint, werden viele Mitarbeiter ängstlich (Angstkultur).
- Mitarbeiter, die Vorschläge zu Verbesserungen bei der Arbeit einbringen, werden geschätzt und bei guten Ideen vielleicht sogar entschädigt (Innovationskultur).
- Wenn Konflikte zwischen in- und ausländischen Mitarbeitern entstehen, sind alle Vorgesetzten in der Lage, mit Konfliktstrategien eine Lösung zu versuchen (Konfliktbewältigungskultur).
- Die Geschäftsleitung informiert alle Mitarbeiter fortlaufend darüber, was sich im Unternehmen abspielt und was geplant ist (Informationskultur).

Zum Überlegen:
Auch jede Schule hat ihre Kultur. Versuchen Sie ganz spontan die Kultur Ihrer Schule zu beschreiben und zu erklären, warum Sie sich in Ihrer Schule wohl oder weniger wohl fühlen.

Solche „Stimmungen" entwickeln sich über Jahre und werden zum Ausdruck der Unternehmenskultur. Mit Eigenheiten, die gut oder schlecht sein können und große Auswirkungen auf die Zufriedenheit der Mitarbeiter, ihren Arbeitseinsatz und letztlich ihre Identifikation mit dem Unternehmen haben. Eine Kultur kann nicht wie eine Strategie entwickelt werden, sondern sie wächst allmählich.

Identifikation heißt: sich voll für das Unternehmen, seine Produkte und seine Mitarbeiter einsetzen.

Viele Unternehmen bemühen sich nicht gezielt um ihre Kultur. Deshalb sollen Sie sich in diesem Abschnitt mit der Unternehmenskultur auseinandersetzen, um zu lernen, wie sie positiv beeinflusst werden kann.

8.1 Der Begriff der Unternehmenskultur

Ganz allgemein ausgedrückt umfasst der Begriff der Kultur alle symbolischen Bezugspunkte (Normen und Werte, Einstellungen und Haltungen, Symbole, Geschichten und Mythen, Rituale, Denk- und Argumentationsmuster, Sprachregelungen und gemeinsame Erwartungen), an denen sich Mitarbeiter jeden Tag orientieren und auf die sie sich verlassen können.

Ganz einfach ausgedrückt: Wenn ein Mitarbeiter im Betrieb etwas tut, so weiß er, wie die Reaktion seiner Vorgesetzten und Mitarbeiter ist. Folgende Bezugspunkte beeinflussen die Unternehmenskultur:

Erklärung der Bezugspunkte		
Bezugspunkt	**Umschreibung**	**Beispiele**
Werte	Überzeugungen, an denen die Mitarbeiter ihr Handeln und Entscheiden orientieren	▪ Gewinn und Nebenbedingungen ▪ Arbeitsmoral
Normen	Rechtliche und betriebliche Vorschriften sowie Verhaltensregeln für das Zusammenleben	▪ Gesetze, Verordnungen ▪ Code of Best Practice ▪ Code of Conduct
Einstellungen und Haltungen	Reaktionen auf Maßnahmen und Ergebnisse	▪ Politische Neutralität ▪ Risikobereitschaft ▪ Wohlwollen

Logo heißt: Firmenzeichen, Signet, z. B.:

Zum Überlegen: Beschreiben Sie diese Bezugspunkte für Ihre Schule und beurteilen Sie deren Einfluss auf die Kultur Ihrer Schule.

Symbole	Kennzeichen des Unternehmens nach außen	▪ Logo ▪ Arbeitskleidung ▪ Auftreten der Vorgesetzten
Geschichten und Mythen	▪ Erzählungen über Eigenarten im Unternehmen ▪ Erscheinungen, die sich nur aus der Geschichte des Unternehmens erklären lassen	▪ Lustige Eigenarten der Unternehmensleitung ▪ Tradition aus der Geschichte des Unternehmens
Rituale	Erscheinungen und Vorgehensweisen, die für das Unternehmen typisch sind	▪ Ablauf von Sitzungen ▪ Pausenordnung ▪ Kundenempfänge
Denk- und Argumentationsmuster	Typische Denkhaltungen und Verhalten bei Diskussionen und Besprechungen	▪ Anführen stets gleicher Gründe und Kriterien ▪ Systematische Problemlösetechnik
Gemeinsame Erwartungen	Erwartungen aller Mitarbeiter an die Zukunft des Unternehmens.	▪ Sicherung von Arbeitsplätzen in der Zukunft ▪ Gute Arbeitsbedingungen

8.2 Das Eisbergmodell zur Erklärung der Kultur

Die Kultur eines Unternehmens ist mit einem Eisberg vergleichbar:

Das Eisbergmodell

Strukturen
- Unternehmensleitbild
- Gesetze und Verordnungen
- Strategie
- Organisation

Kultur
- Normen und Werte
- Einstellungen und Haltungen
- Symbole
- Geschichten und Mythen
- Rituale
- Denk- und Argumentationsmuster
- Gemeinsame Erwartungen
- Machtverteilung

Geprägt wird die Kultur in erster Linie durch Strategie und Strukturen des Unternehmens, die systematisch entwickelt und eingeführt werden und für jedermann sichtbar sind (oberer Teil des Eisberges). Viel wichtiger aber sind all jene Einflüsse und Erscheinungen, die sich aus der Zusammenarbeit im betrieblichen Alltag ergeben. Sie wachsen allmählich aus den eigenen Ideen, Werten und Reaktionen aller Mitarbeiter und verfestigen sich mit der Zeit durch persönliche Erfahrungen und Einsichten bei der Zusammenarbeit und dem Zusammenleben im Unternehmen. Das entspricht dem unsichtbaren Teil eines Eisberges im Wasser.

Der Artikel „Unternehmenskultur" mit weichen Themen zum Erfolg, befindet sich in der TRAUNER-DigiBox.

8.3 Arten von Kulturen

Längerfristig senden Kulturen Impulse zur Verhaltenssteuerung der Mitarbeiter im Unternehmen aus. Diese Impulse beeinflussen die Identifikation der Mitarbeiter mit dem Unternehmen und der Arbeit, ihre Motivation, gute Leistungen zu erbringen und die Bereitschaft zur Zusammenarbeit und zu Erneuerungen (Innovationen) im Unternehmen. Dieser Einfluss kann positiv oder negativ sein.

Ein **negativer Einfluss** liegt vor, wenn Mitarbeiter nur am Bestehenden festhalten, sich konform verhalten oder Traditionen nicht verändern. Besonders lange Zeit erfolgreiche Unternehmen mit einer bislang guten Kultur verteidigen diese auch bei veränderten Umweltbedingungen und verpassen dadurch eine zukunftsträchtige Entwicklung.

Konform heißt: sich an Gegebenes anpassen; sich wie alle anderen zu verhalten.

Ein **positiver Einfluss** ergibt sich, wenn dem Unternehmen Veränderungen in der Umwelt bewusst werden und seine Kultur zur „Brücke“ zwischen Altem und Neuem wird: Es findet einen Weg, Bewährtes mit dem Neuen zu verbinden.

So lassen sich auch verschiedene Unternehmenskulturen unterscheiden, bei denen positive oder negative Einflüsse vorherrschen:

- **Bürokratische Kultur:** Ihr Merkmal ist eine strenge hierarchische Ordnung, in der alle Arbeitsabläufe reguliert sind und auf Kreativität und Emotionalität der Mitarbeiter wenig Rücksicht genommen wird.
- **Innovative Kultur:** Strategie, Struktur und Führung sind auf stete Erneuerung ausgerichtet. Das Unternehmen ist kreativ und offen, indem Mitarbeitern viele Entfaltungsmöglichkeiten gegeben werden. Solche Unternehmen sind stark kundenorientiert, Mitarbeiter arbeiten häufig in Gruppen (Teamkultur) und nehmen Misserfolge als Chance zu lernen wahr (Fehlerkultur, Problemlösekultur, Streitkultur).

Fehlerkultur heißt: Fehler werden auch positiv gesehen, man bemüht sich bewusst, aus Fehlern zu lernen.

- **Technikorientierte Kultur:** Das Unternehmen ist durch technisches Denken (stete technologische Entwicklung) geprägt. Technischer Fortschritt ist wichtiger als Kundenorientierung.
- **Informationskultur:** Die Mitarbeiter werden regelmäßig und ehrlich gut informiert.
- **Kundenorientierte Kultur:** Alle Mitarbeiter sehen die Kunden als Mittelpunkt der Unternehmensentwicklung. Sie fragen sich ständig: „Was brauchen die Kunden in Zukunft?“
- **Risikokultur:** Hier werden oft weit reichende und kapitalintensive Entscheidungen mithilfe von Strategien getroffen, die bereits nach kurzer Zeit zeigen, ob sie erfolgreich sind oder nicht. In solchen Unternehmen arbeiten meist kreative Führungskräfte, die ihre Ideen und Absichten auch bei großen Widerständen durchsetzen. Macht, Erfolg und hohes Ansehen, aber auch kurzfristige Entlassungen sind typische Erscheinungen in solchen Unternehmen. Weil Macht und damit verbundene Hierarchien eine tragende Rolle spielen, wird hier von Machtkultur gesprochen.

- **Arbeits- und Spaßkultur:** Die Mitarbeiter arbeiten mit Freude, weil sie der Überzeugung sind, dass sie für ihre Kunden etwas Wertvolles tun, gute Erfolgsrückmeldungen erhalten und deshalb gut zusammenarbeiten. Hierarchien spielen eine untergeordnete Rolle.
- **Angstkultur:** Die Mitarbeiter sind in allem ängstlich, weil ihre Vorgesetzten oft unberechenbar sind, rücksichtslos fordern oder kein Verständnis für Bedürfnisse ihrer Belegschaft haben.

Zum Überlegen:
Bürokratische Kulturen sind oft Angstkulturen. Warum? Was kann getan werden, um diese beiden Kulturen zu verändern?

8.4 Die Entwicklung von Unternehmenskulturen

Sollen Kulturen erfasst und beeinflusst werden, kann dies anhand von **Kulturelementen** geschehen, die in der folgenden Tabelle erklärt sind.

Kulturelemente	Umschreibung
Ausmaß des Stellenwerts der Umweltentwicklung	▪ Wirtschaftliche Grundhaltung ▪ Technologische Grundhaltung ▪ Soziale Verpflichtung ▪ Ökologische Orientierung
Umgang und Zusammenarbeit im Unternehmen	▪ Hierarchische Ordnung ▪ Entfaltungsmöglichkeiten der Mitarbeiter ▪ Delegation von Aufgaben und Entscheidungen
Risikobereitschaft oder Risikovermeidung	▪ Offenheit für Kreativität der Mitarbeiter ▪ Umfang der Reglementierung (Bürokratie) ▪ Innovationswille
Soziale Stellung der Mitarbeiter	▪ Bemühen um soziale Sicherung aller Mitarbeiter ▪ Förderung aller Mitarbeiter ▪ Gerechtes Lohnsystem ▪ Rollenverteilung der Geschlechter

Damit sich eine Kultur positiv entwickeln kann, müssen in einem Unternehmen drei Voraussetzungen erfüllt sein:

Positive Kulturentwicklung eines Unternehmens

von oben nach unten

Die Kultur muss **von oben nach unten** wachsen, d. h., das Verhalten der Geschäftsleitung hat wesentlichen Einfluss. Aber auch Vorgesetzte auf unteren Hierarchiestufen wirken auf die Kultur ein. Deshalb kann es, vor allem in großen Unternehmen, von Abteilung zu Abteilung Kulturunterschiede geben.

stimmig

Das Geschehen im Unternehmen muss **stimmig** sein. Stimmigkeit ist dann gegeben, wenn sich die Unternehmensleitung nicht dauernd in Widersprüche verstrickt. Dies ist beispielsweise der Fall, wenn in der Strategie des Unternehmens die Wichtigkeit der Mitarbeiter betont wird, aber der Weiterbildung oder der Delegation von Aufgaben und Kompetenzen an die Mitarbeiter überhaupt keine Beachtung geschenkt wird.

sinnhaft

Für die Mitarbeiter müssen Strategie und Arbeit **sinnhaft** sein. Sinnhaftigkeit bedeutet, dass Mitarbeiter den Sinn aller Entscheidungen im Unternehmen verstehen, ihre Arbeit ihnen als sinnvoll erscheint und sie dafür Anerkennung erhalten.

Aufgabe: Kultur eines Unternehmens

Ein regionales Bahn-Unternehmen mit großen Streckennetz, das nach Plänen der Stilllegung durch die Bundesbehörden in das Eigentum der Region (Gemeinden und Privatpersonen) übergegangen ist, hatte eine eindimensionale funktionale Organisation.

Geschäftsleitung			
Technischer Bereich: Gesamter Unterhalt und Bauwesen	Verkauf Personen- und Güterverkehr	Personalführung	Finanzwesen Recht Öffentlichkeitsarbeit Kontrolle

Die Strategie sah vor, dass dieses Bahnunternehmen stets modernisiert wird, über einen hervorragenden Kundendienst verfügt (deshalb wurden keine Stationen stillgelegt), dem Personal viel Vertrauen schenkt und ihm Entwicklungsmöglichkeiten verschafft.

Im Laufe der Jahre hat sich das Unternehmen sehr gut entwickelt. Allerdings hat die Verschuldung in den letzten Jahren zugenommen – was nie ernsthaft beachtet wurde, weil Passagierzahlen und Frachtumsätze weit über dem Landesdurchschnitt zunahmen. Die Mitarbeiter waren mit ihrer Arbeit sehr zufrieden und nutzten Freiräume aus: Die Stationsleiter gestalteten Stationen nach den Wünschen ihrer Gemeinde, das technische Personal hatte seine Arbeiten auf eigene Initiative standardisiert und war verlässlich. Dank der guten Arbeit im Unternehmen fanden in allen Bereichen des Bahnunternehmens keine systematischen Kontrollen statt. Der Vorsitzende der Geschäftsleitung arbeitete vorbildlich. Er war streng und konsequent, aber aus menschlicher Sicht immer wohlwollend.

Vor drei Jahren wurde der Vorsitzende pensioniert. Sein junger Nachfolger war vor der Stellenübernahme in einer Beratungsgesellschaft für Verkehr und Fremdenverkehr tätig und hatte einen ausgezeichneten Ruf als Fachmann in Verkehrsfragen. Nach Stellenantritt beauftragte er seine ehemalige Beratungsgesellschaft mit einer Zustandsbeurteilung des Bahnunternehmens und bat um Vorschläge für die Weiterentwicklung der Bahngesellschaft.

Die Beratungsgesellschaft kam unter anderem zu folgenden Schlüssen:

- Die funktionale eindimensionale Organisation ist überholt, weil es bei der Arbeit zu viele Überschneidungen gibt. Deshalb ist eine Divisionalisierung vorzunehmen.
- Die Kostenüberwachung ist in allen Bereichen zu verstärken, weil es im Unternehmen kostspielige Leerläufe und Liebhabereien gibt.
- Stationen, die keine Gewinne abwerfen, sind zu schließen.
- Alle Ausstattungen und das Logo sind zu vereinheitlichen. Für die verbleibenden Stationen ist ein einheitliches Erscheinungsbild aufzubauen.
- Durch gute Gestaltung der Strukturen sind die Gewinne zu verbessern, damit die Verschuldung abgebaut werden kann.
- Das Personal ist stärker zentral zu führen, da sich eine gewisse Selbstgefälligkeit als Folge der Mitarbeiterzufriedenheit bemerkbar macht.

Bereits nach sechs Monaten entscheidet sich die Unternehmensleitung für eine Divisionalisierung der Organisation.

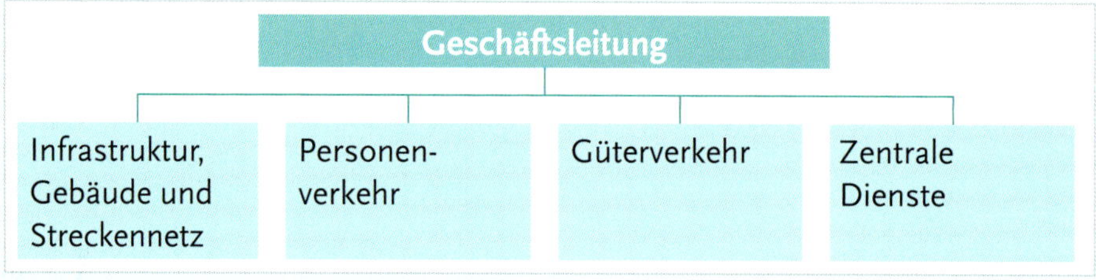

Jede Division wird wie ein Unternehmen geführt, damit dessen Kosten und Erlöse kontrolliert und die Divisionsleiter für den finanziellen Erfolg verantwortlich gemacht werden können. Das Personal wird den Divisionen unterstellt (die Lokomotivführer werden beispielsweise dem Personen- oder Güterverkehr zugeteilt), die Divisionen haben ihre eigene Buchhaltung usw.

Gelegentlich hört man von Unzufriedenheit des Personals. Die Geschäftsleitung nimmt das nicht besonders ernst, weil eine gute Finanzlage für sie das Wichtigste ist. Zudem beruft sie sich immer wieder auf eine alte Erfahrung: Umstellungen in einem Unternehmen führen stets zu Kritik und Unruhe beim Personal. Deshalb werden die weiteren Vorschläge der Beratungsgesellschaft mit aller Härte durchgesetzt. Man will schließlich langfristig überleben.

Im Laufe der Zeit nehmen Arbeitsausfälle durch Krankheit zu, der Einsatz der Mitarbeiter nimmt trotz verstärkter Kontrollen ab und die Kritik wird hinter vorgehaltener Hand immer größer. Darauf reagiert die Geschäftsleitung mit mehr Informationen, die meistens schriftlich übergeben werden. Sie weicht aber von ihren Plänen zur Verbesserung nicht ab.

Aufgaben: Auswertung dieser Situation

1. Wie beurteilen Sie die Vorschläge der Beratungsgesellschaft?
2. Warum kommt es mit der Zeit zu immer mehr Arbeitsausfällen?
3. Gibt es Zielkonflikte, die zu bewältigen sind, um die Arbeitsausfälle zu vermindern?
4. Welche Lehren ziehen Sie für sich aus diesem Beispiel?

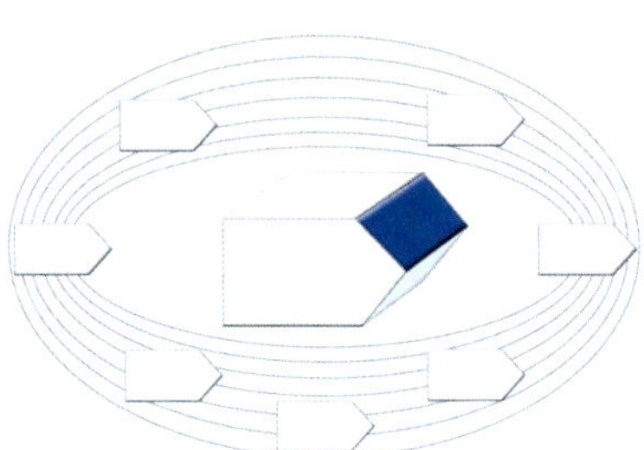

9 Optimierung und Erneuerung

Die Gegebenheiten in den vier Umweltsphären verändern sich immer schneller: Auf den Märkten werden laufend neue Produkte aus aller Welt angeboten, der technische Fortschritt beschleunigt sich zunehmend, die Ansprüche der Stakeholder steigen und ein bedachter Umgang mit der ökologischen Umwelt muss zu einer Selbstverständlichkeit werden. Dieser rasche Wandel zwingt die Unternehmen zu ständigen Anpassungen, damit sie ihr grundlegendes strategisches Ziel der steten Schaffung nachhaltigen Wettbewerbsvorteils und dauernder Erhaltung jederzeit bewahren können.

Deshalb müssen die Unternehmensleitungen Veränderungen in den Umweltsphären bewusst wahrnehmen und den daraus notwendigen Wandel in ihren Unternehmen zielgerichtet umsetzen: **Der Wandel ist eine grundlegende Voraussetzung für langfristige Stabilität jedes Unternehmens.**

Daher sollen Sie erklären können, auf welche Weise sich Unternehmen wandeln (weiterentwickeln) können, damit sie langfristig erhalten bleiben, und welche Probleme sich dabei ergeben.

9.1 Begriffe

Drängt sich in einem Unternehmen infolge von Veränderungen in den Umweltsphären ein Wandel auf, können zwei Ebenen betroffen sein: die **Sachebene** (die inhaltliche Seite der Geschäftstätigkeit) und/oder die **Beziehungsebene** (menschliche Ebene der Zusammenarbeit):

Vom Wandel betroffene Ebenen im Unternehmen

Wandel

Sachebene
- Strategische und normative Aspekte
- Geschäfts-, Unterstützungs- und Managementprozesse

Beziehungsebene
- Kultur des Unternehmens
- Identifikation mit dem Unternehmen
- Zusammenarbeit
- Interaktionsmuster

Zusammenarbeit und Interaktionsmuster in einem Unternehmen werden maßgeblich durch den Führungsstil geprägt.

Unter **Führungsstil** versteht man ein bestimmtes Verhalten von Vorgesetzten im Umgang und bei der Führung ihrer Mitarbeiter.

Dem Wandel kann bei der Führung des Unternehmens auf zwei Arten Rechnung getragen werden: Entweder werden kleinere Anpassungen vorgenommen **(Optimierung),** oder das Unternehmen muss grundlegend verändert und an neue Verhältnisse in den Umweltsphären angepasst werden **(Erneuerung oder Innovation):**

Entwicklungsmodi

Entwicklungsmodi (Massnahmen aufgrund des Wandels)

Optimierung
- stete Verbesserung in kleinen Schritten
- geringe Veränderungen

Erneuerung (Innovation)
- grundsätzliche, umfassende Veränderungen
- in längerfristig geplanten Phasen

Jedes Unternehmen muss dauernd optimieren, damit es in seiner bestehenden Form konkurrenzfähig bleibt. Wenn es aber nur optimiert, besteht die Gefahr der **Erstarrung,** d. h., das Unternehmen verbessert zwar seine Tätigkeit im Rahmen der bisherigen Strategie mit dauernden Verbesserungen bei bestehenden Produkten (insbesondere Qualitätsverbesserung) und beim Einsatz seiner Ressourcen (insbesondere der Verwendung der finanziellen Mittel); aber es läuft Gefahr, den nachhaltigen Wettbewerbsvorteil zu verlieren. Deshalb muss es sich auch erneuern und innovieren.

Wird die Erneuerung jedoch ohne Optimierung übermäßig vorangetrieben, entsteht das Problem der **Übermüdung,** d. h., die Innovationen führen zu einer Überbeanspruchung finanzieller und personeller Ressourcen, womit der durch Neuerungen angestrebte nachhaltige Wettbewerbsvorteil nicht erreicht wird und das Unternehmen im schlimmsten Fall sogar an Marktstärke verliert. Deshalb ist stets nach einem guten **Gleichgewicht** zwischen Optimierung und Erneuerung zu suchen.

Zum Überlegen:
Gerät ein Unternehmen aus irgendwelchen Gründen in eine etwas kritischere finanzielle Situation (Umsatzeinbußen, höhere Rohstoffkosten, Ansteigen der Löhne usw.), so entscheidet es sich oft für eine **Kostensparstrategie**: Es versucht mit geeigneten Mitteln die Kosten zu reduzieren. Es nimmt also eine **Optimierung** vor. Leider bringen aber Kostensparstrategien meist keine längerfristige Verbesserung der finanziellen Lage. Überlegen Sie sich, warum dies der Fall ist und welche besseren Lösungen für die Unternehmen zu empfehlen sind.

Die Begriffe **Effektivität** und **Effizienz** werden sowohl in der Theorie als auch in der Praxis sehr verschieden definiert. Deshalb sollte man zuerst ermitteln, wie diese Begriffe in einer konkreten Situation verstanden werden. Hier wird eine **mögliche** Umschreibung verwendet.

Sozialverträglichkeit heißt: Verhalten und Entscheidungen sollten für Menschen erträglich sein.

9.2 Die Optimierung

9.2.1 Ziele und Wege der Optimierung

Bei der Optimierung eines Unternehmens stehen zwei Ziele im Vordergrund: Effektivität und Effizienz.

Effektivitätsziele sind nach **außen** gerichtet. Sie orientieren sich am Kundennutzen der Tätigkeit des Unternehmens – wie Qualitätsverbesserung der Produkte, Verlässlichkeit der Auftragserfüllung, Berücksichtigung von ökologischen Erfordernissen und Sozialverträglichkeit.

Effizienzziele sind nach **innen** gerichtet. Durch sie sollen Ziele des Unternehmens mit möglichst wenig Aufwand erreicht werden, was niedrigere Kosten für die gesamte unternehmerische Tätigkeit bedeutet.

Die folgende Abbildung zeigt Maßnahmen zur Optimierung:

Maßnahmen zur Optimierung

- **Verbesserung der Effektivität und Effizienz**
- **Systematisches Qualitätsmanagement**
- **Besondere Optimierungskonzepte**

9.2.2 Verbesserung der Effektivität und Effizienz

Die **Effizienz** eines Unternehmens wird optimiert, wenn alle operativen Leistungserstellungs- und Unterstützungsprozesse fortlaufend verbessert werden. Die Maßnahmen sind also nach innen gerichtet und betreffen insbesondere die Sachebene. Die Tabelle auf der nächsten Seite zeigt die Grundsätze der Effizienzsteigerung in einem Unternehmen.

Die **Effektivität** orientiert sich in erster Linie an den Bedürfnissen der Kunden. Ausgangspunkt für die Beurteilung der Effektivität eines Unternehmens ist die Frage, wie gut die strategischen Ziele eines Unternehmens erreicht werden. Dies ist umso eher der Fall,

- je zufriedener und treuer die Kunden sind und
- je stärker alle Stakeholder das Verantwortungsbewusstsein des Unternehmens einschätzen,

wodurch sich die Marktanteile erhöhen und die Verkaufsumsätze steigen.

Grundsätze für die Verbesserung der Effizienz		
Grundsatz	**Zielsetzung für die Anwendung der Grundsätze**	**Probleme für die Unternehmensleitung**
Verbesserung der Wirtschaftlichkeit	■ effiziente Arbeitsabläufe (gute Ablauforganisation) ■ optimale Schnittstellen ■ niedrige Transaktionskosten ■ optimale Standortwahl	Mehr Effizienz kann ■ die Qualität verschlechtern ■ zur Überbelastung von Mitarbeitern führen ■ zu Entlassungen führen ■ hohe Kosten bringen
Vermehrte Standardisierung	■ standardisierte Arbeitsabläufe ■ standardisierte Produkte und Dienstleistungen ■ Automatisierung von Entscheidungen	Mehr Effizienz kann ■ zur Vernachlässigung individueller Kundenbedürfnisse und Kundenberatung führen ■ den nachhaltigen Wettbewerbsvorteil begrenzen
Erhöhung der Schnelligkeit	■ Reduktion der Durchlaufzeiten ■ geringere Umrüstzeiten ■ Verminderung von Aufgabenträgern ■ Bereitstellen von optimalen Ressourcen	Mehr Effizienz kann ■ die Sorgfalt der Arbeit beeinträchtigen ■ bei steigender Beschäftigung zur Ressourcenknappheit führen
Verbesserung der Sicherheit	■ Verminderung von Fehlerquoten bei der Arbeit ■ Ausbau des Überwachungs- und Kontrollsystems	Mehr Effizienz kann ■ höhere Kosten bringen ■ die Arbeitsabläufe komplizieren

Schnittstelle heißt: Übergang von einem Arbeitsbereich zu einem anderen.

Transaktionskosten heißt: Kosten für Information und Kommunikation, die aufgrund arbeitsteiliger Leistungserstellung im Unternehmen anfallen.

Standardisierung heißt: Vereinfachung und Systematisierung von sich wiederholenden Arbeitsabläufen (weitgehende Rationalisierung zur effizienten Gestaltung der Prozesse).

Durchlaufzeit heißt: Zeitspanne, die zur Herstellung eines Produkts von der Auftragsauslösung bis zur Fertigstellung benötigt wird.

Umrüstzeit heißt: Einstellen der Maschinen für die Herstellung eines neuen Produkts.

Eine positive Entwicklung der Effizienz und Effektivität wird maßgeblich durch die Kultur des Unternehmens beeinflusst: Zufriedene Mitarbeitende, die sich mit ihrem Unternehmen und dessen Produkten identifizieren, tragen viel zur Kundenzufriedenheit und Kundentreue bei.

Aufgabe: Übernahme eines Unternehmens

Zwei Unternehmen standen in einem harten Konkurrenzkampf. Die Alpha AG erneuerte sich stets und durchlief dauernd Optimierungsprozesse. Die Beta GmbH war traditionell ausgerichtet, war mit ihren Produkten führend, geriet aber mangels gezielter Optimierung und Erneuerung immer stärker ins Hintertreffen. Angesichts zunehmender Schwierigkeiten suchte die Beta GmbH den Anschluss an die Alpha AG. Am Ende der Verhandlungen kaufte die Alpha AG die Beta GmbH mit der Absicht, sie in einer noch zu bestimmenden Form in die Alpha AG zu integrieren.

Gleich nach der Bekanntgabe der Übernahme besuchte der Geschäftsleiter der Alpha AG zusammen mit seinem Assistenten das neu übernommene Unternehmen. Zweck des Besuches war es, erste Anordnungen zur Verbesserung der Lage zu geben. Zu Beginn des Besuches informierte der Geschäftsleiter alle Mitarbeiter der Beta GmbH und gab ihnen zu verstehen, dass er den Betrieb schließen werde, wenn sich Effizienz und Effektivität nicht verbessern.

Aufgaben: Auswertung dieser Situation

Bearbeiten Sie folgende Fragen:

1. An welchen Stellen bei dieser Übernahme ist die Sachebene und wo die Beziehungsebene betroffen?
2. Überlegen Sie, wie sich die Kultur der Beta GmbH charakterisieren lässt und wie sie sich entwickelt.
3. Was könnte die Ursache dafür sein, dass sich die Leistungserstellungs- und Unterstützungsprozesse trotz aller Bemühungen nicht verbessert haben?
4. Welche Fehler machte der Geschäftsleiter der Alpha AG?

Die weltweit bekanntesten Systeme und Organisationen sind:

ISO: International Organization for Standardization

EFQM: European Foundation of Quality Management

Anschließend besuchte er zusammen mit seinem Assistenten alle Büros und Werkstätten. Überall wo er Schwachstellen entdeckte, kritisierte er die betroffenen Mitarbeiter und diktierte seinem Assistenten Verbesserungsmaßnahmen, die umzusetzen wären. Am Ende der Besichtigung beauftragte er den Geschäftsleiter sofort, Vorschläge zur Optimierung und Erneuerung auszuarbeiten, wobei ihm der Assistent die aufgeschriebenen Verbesserungsmaßnahmen erklären musste.

Trotz großen Einsatzes der Mitarbeiter der Beta GmbH stellten sich am Ende des ersten Jahres nach der Übernahme noch keine Fortschritte ein. Die Leistungserstellungs- und Unterstützungsprozesse hatten sich trotz der Optimierungsansätze kaum verbessert, der Umsatz stagnierte weiter und die Gewinne waren rückläufig.

9.2.3 Systematisches Qualitätsmanagement

Bei der Optimierung wird der Qualität der Produkte oder Dienstleistungen mehr Aufmerksamkeit geschenkt, weil die Kundenzufriedenheit und Kundentreue auf lange Sicht stark von der Qualität der unternehmerischen Leistung abhängen. Deshalb wurden in den letzten beiden Jahrzehnten weltweit viele Qualitätsmanagement-Systeme entwickelt. Am häufigsten verwendet werden heute **Total Quality Management** Systeme (TQM), die sich wie folgt umschreiben lassen:

Ein TQM-System

- dient der stetigen Verbesserung der **gesamten Qualität** eines Unternehmens in kleinen Schritten
- auf Grundlage vorgegebener **Qualitätskriterien,** die das gesamte Unternehmen qualitativ erfassen, also Kriterien, die Strategie, Struktur, Prozesse, Produkte oder Dienstleistungen und die Gesamtführung (das Management) betreffen.
- ist **bottom-up** organisiert, d. h., die Mitarbeiter aller Stufen sorgen in ihrem Bereich dafür, dass vorgegebene Qualitätskriterien gut erfüllt werden.

Die Umsetzung des TQM soll hier am Beispiel des EFQM-Modells gezeigt werden:

Das EFQM-Modell

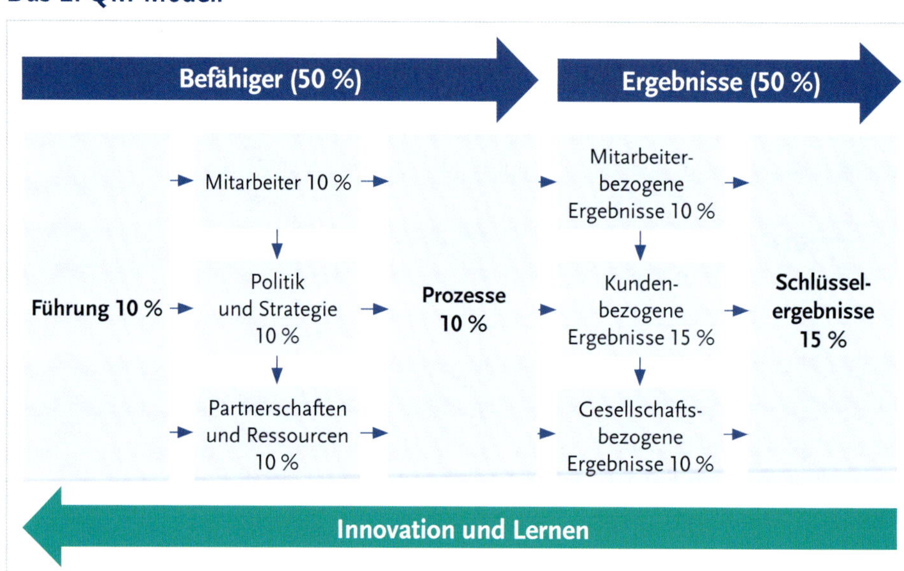

In diesem Modell für Business Excellence lässt sich die erreichte Qualität eines Unternehmens anhand eines Beurteilungsbogens, der vom Unternehmen durch eine Selbsteinschätzung ausgefüllt wird, systematisch erfassen. Dieser Beurteilungsbogen enthält neun Hauptkriterien, die durch Unterkriterien präzisiert werden. Fünf Hauptkriterien werden als Befähiger bezeichnet, weil sie die Qualität der Gegebenheiten des Unternehmens erfassen, und vier Kriterien verweisen auf die erreichten Ergebnisse des Unternehmens. Die Bewertungsergebnisse des Unternehmens werden mit normierten Ideal- oder Sollwerten verglichen, womit sich immer eine positive oder negative Abweichung von der besten Qualität feststellen lässt. Aufgrund der ermittelten Abweichung von den Idealwerten lassen sich Stärken und Schwächen der Qualität eines Unternehmens erkennen, um Innovationen einzuleiten und Lernprozesse auszulösen, damit sich die Qualität laufend verbessert.

Unter **Business Excellence** wird das Bemühen um eine systematische Unternehmensentwicklung zur nachhaltigen Verbesserung der Wettbewerbsstärke eines Unternehmens verstanden.

Eine genauere Darstellung der Befähiger- und Ergebnis-Kriterien finden Sie in der TRAUNER-DigiBox.

Unternehmen können sich **zertifizieren** lassen, indem ihnen ein **Zertifikat** ausgestellt wird, das den Qualitätszustand schriftlich festhält und beglaubigt. Normalerweise beginnt ein Prozess der **Zertifizierung** mit der Selbstbewertung durch das Unternehmen. Anschließend überprüft ein neutraler Dritter (Auditor) die Selbstbewertung. Stellt er fest, dass definierte Werte bei jedem Kriterium erfüllt sind, beantragt er bei der EFQM-Organisation die Zertifizierung, was die Vertrauenswürdigkeit des Unternehmens gegenüber den Anspruchsgruppen stärkt und gewisse administrative Erleichterungen bringt (z. B. wird in gewissen Ländern dank des Zertifikats bei der Wareneinfuhr auf gesetzlich notwendige Qualitätskontrollen verzichtet).

Ein **Zertifikat** ist ein offizielles Dokument.

Ein **Auditor** ist eine spezialisierte Person, die etwas überprüfen kann.

9.2.4 Besondere Optimierungskonzepte

Für die Optimierung wurden viele weitere Konzepte entworfen:

Lean Production	Dieses Konzept der schlanken Produktion dient der Eliminierung aller überflüssigen Tätigkeiten in einem Unternehmen, um die Herstellkosten zu senken. Ein wichtiger Bestandteil ist dabei das **Just-in-Time-Konzept,** bei dem es darum geht, die für die Produktion benötigten Teile von Lieferanten in der richtigen Menge und Qualität zum richtigen Zeitpunkt verfügbar zu haben. Dadurch lassen sich Lagerkosten vermindern und Durchlaufzeiten verkürzen, was die Produktionskosten reduziert.
Benchmarking	Bei diesem Verfahren versucht ein Unternehmen, sich Daten von Konkurrenzunternehmen zu beschaffen (z. B. Durchlaufzeiten, Fehlerquoten, Herstellkosten pro Stück). Dann nimmt es die Daten des besten Unternehmens her und setzt sie sich selber zum Ziel, um erfolgreicher zu werden (bessere Qualität, kostengünstigere Produkte).

Zum Überlegen:
In einer hoch entwickelten Volkswirtschaft kann das Just-in-Time-Konzept problematisch werden. Warum?

Benchmarks sind Daten, mit deren Hilfe der eigene Erfolg mit dem von Konkurrenten verglichen werden kann.

Aufgabe: Ein Problem einer möglichen Optimierung

Ein österreichisches Unternehmen stellt Tuben für Zahnpasta, Kosmetika und Salben her. Es ist hervorragend geführt und seine Organisation (insbesondere die Leistungserstellungsprozesse) ist sehr effizient. Daher erübrigen sich weitere Optimierungsmaßnahmen. Nun treten aber je ein Konkurrent aus Ungarn und Polen auf, die Tuben bedeutend billiger anbieten, weil ihre Lohnkosten viel geringer sind. Das österreichische Unternehmen überlegt sich deshalb, welche Maßnahmen es ergreifen könnte, um preislich wieder konkurrenzfähig zu werden. Die Unternehmensleitung ist über mögliche strategische Maßnahmen uneinig. Zur Diskussion stehen drei Lösungen:

1. Der Betrieb in Österreich wird stillgelegt und ein in Polen zum Verkauf stehendes Unternehmen übernommen – was finanziell möglich ist. Das Personal im österreichischen Betrieb wird entlassen. Die Planung zeigt, dass mit dieser Maßnahme die Gewinne wesentlich gesteigert werden könnten. Die Optimierung erfolgt also über eine Standortverlagerung.
2. Der Betrieb in Österreich wird fortgeführt, sofern sich die Belegschaft bereit erklärt, Lohnreduktionen zu akzeptieren. Damit könnte das Personal weiter beschäftigt werden und die Arbeitsplätze wären bei niedrigeren Löhnen gesichert.
3. Es werden keine Vorkehrungen getroffen in der Hoffnung, dass die Preise der Konkurrenz aus Ungarn und Polen mit der Zeit steigen, weil auch in diesen Ländern die Löhne allmählich angehoben werden. Die Lösung führt mit Sicherheit zu Marktverlusten und damit zu einer Gewinnreduktion, die angesichts der Reserven der Gesellschaft für einige Jahre kein Problem darstellen würde. Das Unternehmen bliebe sozial verantwortungsbewusst, weil es keine Mitarbeiter entlassen muss.

Aufgabe: Auswertung dieser Situation

Für welche Lösung entscheiden Sie sich?
Führen Sie nicht nur eine freie Diskussion, sondern arbeiten Sie mit der Denkstrategie „Probleme lösen" (siehe Anhang 6).

9.3 Erneuerung (Innovation)

9.3.1 Gegenstände und Triebkräfte der Erneuerung

Um sich einen nachhaltigen Wettbewerbsvorteil zu sichern und das Unternehmen dauernd zu erhalten, müssen die Unternehmensleitungen stets für Erneuerungen (Innovationen) sorgen. Unterschieden werden Produktinnovationen, Prozessinnovationen und Sozialinnovationen.

Gegenstände der Innovation

Innovationen (Erneuerungen)

Produktinnovationen und/oder neue Dienstleistungen

Bestehende Produkte oder Dienstleistungen werden verbessert, oder es werden neue Produkte und Dienstleistungen entwickelt.

Ihr Ziel ist es, neue Bedürfnisse von Kunden zu befriedigen, um die Marktposition zu verbessern.

Prozessinnovationen

Die Geschäfts- und Unterstützungsprozesse werden neu gestaltet.

Ihr Ziel ist es, alle Prozesse neu auszurichten, um den Materialverbrauch zu vermindern, die Qualität zu erhöhen und die Durchlaufzeiten zu reduzieren, um die Kosten zu senken.

Sozialinnovationen

Die Organisation und die Führung des Unternehmens werden erneuert.

Ihr Ziel ist es, bessere Arbeitsbedingungen für die Mitarbeiter zu schaffen, damit ihre Zufriedenheit bei der Arbeit und damit ihre Leistungsbereitschaft verbessert werden.

Produktinnovationen sind zwingend, weil

- sich die Bedürfnisse und Ansprüche der Kunden immer schneller verändern.
- die wissenschaftlichen und technischen Fortschritte zu besseren Produkten führen, an denen Kunden Gefallen finden.
- ein Unternehmen immer über ein Geschäftsportfolio verfügen muss, das sich aus Produkten in verschiedenen Lebensphasen des Lebenszyklus zusammensetzt.

Eine große Herausforderung für viele Unternehmen stellt die Verkürzung des Lebenszyklus von zunehmend mehr Produkten dar. Bedürfnisse verändern sich in unserer hoch entwickelten Gesellschaft rasant, und ihr Wandel wird durch Werbung noch beschleunigt. Daher verkürzen sich Gebrauchsdauer und Lebenszyklus vieler Güter. Allerdings gibt es auch heute noch Produkte mit langer Lebensdauer – weil diese Produkte qualitativ laufend verbessert werden und/oder durch wirksame Werbung ständig nachgefragt werden.

Geschäftsportfolio heißt: Produktgruppen oder Produkte, die ein Unternehmen herstellt und/oder anbietet.

Zum Überlegen:
Warum ist der Lebenszyklus bei folgenden Produkten sehr lang?

- Coca Cola (Getränke)
- Marlboro (Zigaretten)
- Ford (Autos)
- Siemens (Elektronische Geräte)

Prozessinnovationen werden verursacht durch

- technische Fortschritte,
- höhere Effizienz und Effektivität der Produktion der schärfsten Konkurrenten und
- finanzielle Engpässe, die durch Kostensparstrategien überwunden werden sollen.

Sozialinnovationen werden häufig umgesetzt als Folge von

- Veränderungen in der sozialen Umwelt (Forderungen der Anspruchsgruppen).

Viele Innovationen entstehen aber aufgrund neuer Ideen und Initiativen guter Mitarbeiter, die durch Zufall oder aus der Beobachtung von Märkten, Konkurrenten oder der wissenschaftlichen Entwicklung hervorgehen.

9.3.2 Prozessinnovationen

Der wissenschaftliche und technische Fortschritt und die breitere und umfassendere Anwendung der **Informatik** ermöglichen fortwährende Prozessinnovationen. Sinn macht das aber nur, wenn sich die Effizienz der Betriebsabläufe und die Qualität der Arbeitsabläufe erhöhen und die Kosten gesenkt werden. Leider wird dieses Ziel nicht mit jeder Prozessinnovation erreicht.

Zum Überlegen:
Suchen Sie nach Gründen, warum nicht jede Prozessinnovation zu höherer Effizienz führt.

IT-gestützter Arbeitsablauf für den Einkauf von Halbfabrikaten

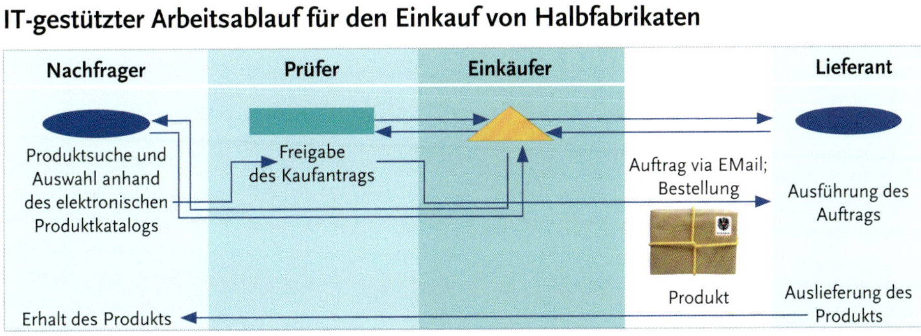

In der Abbildung auf Seite 42 ist der Arbeitsablauf des Einkaufs von Gütern in einem Produktionsbetrieb so dargestellt, wie er manuell (ohne Einsatz der Informatik) ablief. Obenstehende Abbildung zeigt den gleichen Arbeitsablauf als elektronischen Prozess (IT-gestützter Einkauf von Halbfabrikaten).

Der Nachfrager findet die Angaben im elektronischen Produktkatalog, der automatisch nachgeführt wird, und er kann online bestellen. Die Freigabe beim Prüfer erfolgt aufgrund eines Prüfprogramms automatisch. Die Bestellung geht nach der Freigabe direkt an den Lieferanten. Lieferant, Einkäufer und Prüfer sind miteinander verbunden und verfügen alle über die gleichen Informationen. Zudem kann der Einkäufer eine direkte Verbindung zu mehreren Lieferanten herstellen, sodass Preisvergleiche möglich werden.

Diese Prozessinnovationen brachten eine große Effizienzsteigerung:

- Einfacher Prozess mit einer Kostenreduktion von 80 % gegenüber der manuellen Lösung (siehe Seite 42).
- Raschere Lieferung und weniger Schattenlager. Die Mitarbeiter an den Arbeitsplätzen bauen keine Sicherheitslager an ihren Arbeitsplätzen auf, weil Bestellungen sofort und ohne Rückfragen ausgeführt werden können. Das bringt eine Reduktion der Lagerkosten.
- Zufriedene Mitarbeiter, weil sie selbständig einkaufen können.
- Der Prüfer kann bei der Freigabearbeit entlastet werden.

9.3.3 Innovationen und Kultur eines Unternehmens

John Kotter beschreibt in seiner Fabel "Das Pinguin-Prinzip" auf gelungene Art und Weise, wie Veränderungen zum Erfolg führen. Sie finden den Artikel in der TRAUNER-DigiBox.

Innovationen haben meistens Rückwirkungen auf Struktur und Kultur eines Unternehmens. Viele Innovationen scheitern, weil es nicht gelingt, notwendige Anpassungen bei der unternehmerischen Struktur vorzunehmen. Ursachen dafür sind: Die Mitarbeiter sind auf innovationsbedingte Veränderungen nicht vorbereitet und sehen den Sinn des Neuen nicht richtig ein (Sinnhaftigkeit als Wesensmerkmal der Kultur), oder sie befürchten, an Einfluss zu verlieren oder überflüssig zu werden. Solche Erscheinungen behindern den strategischen Wandel eines Unternehmens, es kommt zu einer strukturellen Trägheit. Deshalb führen vor allem Prozess- und Sozialinnovationen oft zu Leistungsrückschlägen, wie folgende Abbildung zeigt.

Wandel mit einer ungewissen Übergangsphase

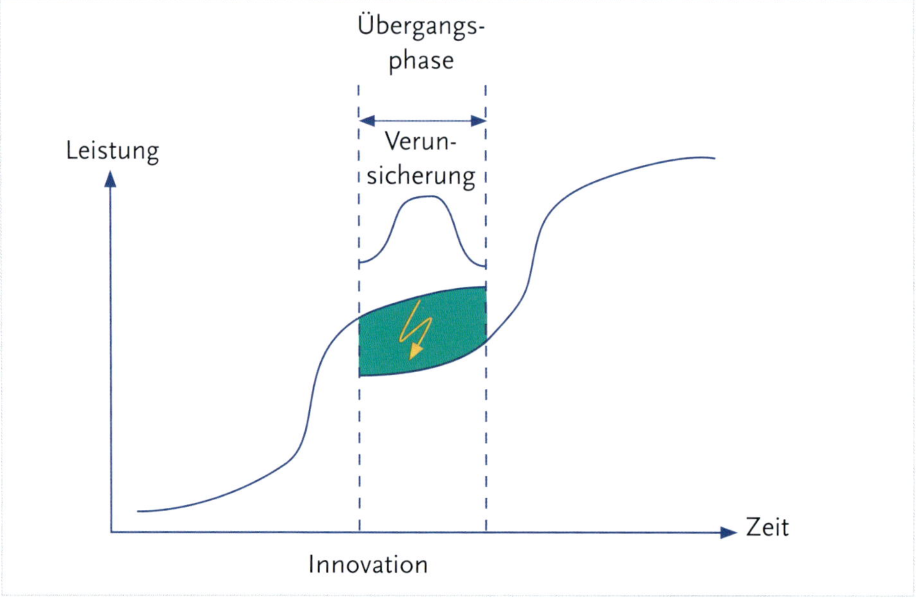

Durch Optimierungen verbessert sich die Leistung eines Unternehmens ständig. Dann wird eine Innovation eingeleitet, wodurch es zu einem Wandel im Unternehmen kommt, der die Kultur beeinträchtigen und die betriebliche Leistung verschlechtern kann.

Diese Übergangsphase ist solange kritisch, bis ein Höhepunkt der Verunsicherung von Mitarbeitern und damit eine Instabilität in der Entwicklung des Unternehmens erreicht ist. Sobald sie sich rückläufig zu entwickeln beginnen, nimmt die Leistung im Unternehmen wieder zu. Deshalb ist die Führung von Innovationsprozessen eine wichtige Aufgabe für die Unternehmensleitung.

Einen informativen Artikel zur menschlichen Reaktion auf Veränderungen (Richard K. Streich) finden Sie in der TRAUNER-DigiBox.

9.4 Der Innovationsprozess

Ein Innovationsprozess umfasst alle zeitlich aufeinander folgenden Arbeitsschritte von einer ursprünglichen Idee bis hin zur serienmäßigen Produktion und zum Verkauf. Er besteht aus drei Phasen: der Ideenfindung, der Ideenentwicklung, -bewertung und -auswahl sowie der Umsetzung:

Innovationsprozess

Innovationsprozess

Ideenfindung

Um Innovationen zu finden, braucht ein Unternehmen in erster Linie kreative Mitarbeiter mit großem Wissen (Sachebene). Ebenso wichtig ist eine innovationsfreundliche Kultur in einem Unternehmen, die durch folgende Merkmale charakterisiert ist: Gewährung von kreativen Freiräumen für die Mitarbeiter, Risikobereitschaft und eine positive Fehlerkultur, eine gute Lernkultur sowie gute Voraussetzungen für die Zusammenarbeit. Als Hilfsmittel können Kreativitätstechniken eingesetzt werden.

Ideenentwicklung, -bewertung und -auswahl

Gute Ideen werden in Projektgruppen zu fertigen Vorschlägen für die Verwirklichung umgesetzt. Gute Unternehmen arbeiten immer an zehn bis zwanzig solchen Projekten, denn viele Projekte führen zu keinen umsetzbaren Ergebnissen. Deshalb sind die Projektbewertungen und -auswahl anspruchsvolle Aufgaben. Kriterien für die Bewertung von vorgeschlagenen Innovationen sind: Markttauglichkeit, Umsetzbarkeit (genügend personelle und finanzielle Ressourcen), Kundennutzen und keine unüberwindlichen Widerstände im Unternehmen selbst.

Umsetzung

Nach einer positiven Bewertung der Innovationsidee beginnt die Umsetzung (Geschäftsprozesse): Entwicklung von Prototypen, Produktionseinführung bei Kunden, Serienproduktion und Verkauf.

Innovationen gibt es nicht nur in Produktions-, sondern auch in Dienstleistungsbetrieben.

Denkstrategie
Neue Ideen findet man mit der Methode des Brainstormings (siehe Anhang 9)

Denkstrategie
Eine oft verwendete Kreativitätstechnik ist der morphologische Kasten (siehe Anhang 10)

10 Operatives Management

Die Welt verändert sich immer rascher. Auf der einen Seite wollen Menschen stets mehr Wohlstand (mehr und bessere Güter und Dienstleistungen). Und auf der anderen Seite erwarten die Menschen anständige und faire Unternehmen mit für ihre Tätigkeit menschenwürdigen Zielvorstellungen.

Für den Erfolg der Unternehmen sind die Organe des Unternehmens (Aufsichtsrat und Geschäftsleitung) verantwortlich. Für ihre Tätigkeit benötigen die guten Unternehmen eine zielgerichtete Strategie **(strategisches Management)**, in die sie auch ihre ethischen Zielvorstellungen **(normatives Management)** einbringen. Für die Umsetzung der Strategie ist die Geschäftsleitung mit ihren Mitarbeitenden verantwortlich. Sie beschäftigen sich mit dem **operativen Management** der täglichen Arbeit, die immer anspruchsvoller wird.

Das operative Management hat zur Aufgabe, die Zielvorgaben, die in der Strategie vorgegeben sind, und die Arbeitsprozesse in der täglichen Arbeit umzusetzen.

Das operative Management umfasst die folgenden Bereiche:

Bereich	Aufgaben
Forschung und Entwicklung	Erforschen neuer Ideen und deren Vorbereitung auf die Produktion
Produktion	Material und Herstellung
Marketing	Verkauf und Werbung
Personalwesen	Personaleinstellung, Löhne, Weiterbildung, Arbeitsbedingungen
Finanzen und Rechnungswesen	Buchhaltung, Rechnungswesen (Kalkulation)
Controlling	Planung, Steuerung und Kontrolle aller Unternehmensbereiche
Informatik	Entwicklung und Gestaltung der Digitalisierung und Überprüfen der Sicherheit der Informatik

11 Marketing

Direct Marketing bedeutet, sich unmittelbar an einzelne Kunden und Kundengruppen richten. Eine Antwort des angesprochenen Kunden ist das Ziel.

Das Marketing betrifft alle Austauschprozesse eines Unternehmens mit all ihren Bezugsgruppen **(Stakeholdern)** (z. B. Kunden, Aktionäre, Staat, Mitarbeiter/innen, Medien). Im Vordergrund stehen die Produktpolitik, die Werbepolitik und der Vertrieb. Heute zählt auch die Kommunikationspolitik dazu (Direct Marketing, Sponsoring, Public Relations sowie Messen und Ausstellungen).

11.1 Grundgedanke des Marketings

Das Schwergewicht des Marketings beruht darauf, dass ein Unternehmen alle Aktivitäten auf die Bedürfnisse und Erwartungen möglicher Kunden(gruppen) ausrichtet.

Weil Bedürfnisse auch zu Fehlentwicklungen auf den Märkten führen können, sollte das Marketing nicht auch noch zu unerwünschten Kaufentscheidungen auf den Märkten beitragen, sondern diese möglichst vermeiden (z. B. viele Kunden verlangen aus Bequemlichkeit materialintensive Wegwerfpackungen, die umweltfeindlich sind – die Unternehmen sollten aber ihre Verpackungen umweltgerecht gestalten). Marketing ist deshalb mehr als eine Technik. Es muss für die Unternehmen eine Denkhaltung sein.

Zum Überlegen:
Die Person A meint: Arbeitende Menschen sollen es bequem haben. Deshalb sollen Unternehmen nur auf Qualität und Bequemlichkeit schauen und entsprechende Produkte herstellen, was für sie höhere Gewinne bringt. Das ist für die Zukunft zwingend.
Die Person B widerspricht: Das Marketing muss sich auf Produkte konzentrieren, welche keine Umweltschäden herbeiführen. Der Gewinn ist Nebensache.

Nehmen Sie zu diesem Streit Stellung, und bilden Sie sich Ihre Meinung.

11.2 Von der Strategie eines Unternehmens zum Marketingkonzept

Die Strategie beschreibt die längere Zielrichtung eines Unternehmens. Mit dem **Marketingkonzept** muss im Rahmen des operativen Managements bestimmt werden, über welche Fähigkeiten ein Unternehmen zur Entwicklung von Produkten und Dienstleistungen verfügt, welche Kundengruppen auf welchen Märkten daran interessiert sind und die Märkte nicht bereits übersättigt sind. Die anzubietenden Produkte und Dienstleistungen müssen dem Unternehmen einen **Wettbewerbsvorteil** bringen, d. h. besser sein als mögliche Konkurrenten.

Denkstrategie
Zielkonflikte erkennen
(siehe Anhang 4)

Beispiel: Strategie und Marketingkonzept einer Fleischwarenfabrik:

<table>
<tr><td>Ausschnitt aus der Strategie</td><td colspan="2">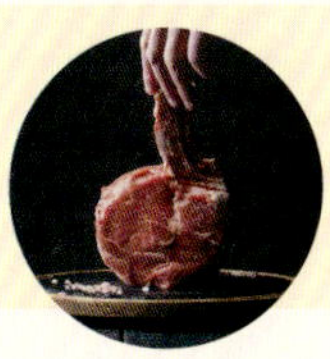
Wir produzieren und verkaufen weiterhin alle unsere bisherigen Fleischwaren.</td><td>

Wir profilieren uns im Bereich künstliches Fleisch, das wir so rasch wie möglich einführen.</td></tr>
<tr><td>Ausschnitt aus dem Marketing-konzept</td><td>
Unsere Entwicklungsabteilung entwickelt so rasch wie möglich künstliches Fleisch nach dem niederländischen Modell.</td><td>
Unsere Marketinggruppe führt Tests bei zwei unserer langjährigen guten Kunden durch.</td><td>
Die Marketinggruppe bereitet den Einstieg in den Markt zunächst mit den Kunden unserer Fleischwaren vor. Sie bestimmt die wirksamsten Werbemittel. Zur Verfügung stehen 800.000 EUR.</td></tr>
</table>

Wettbewerbsvorteile sind für das Überleben des Unternehmens entscheidend

11.3 Entwicklungsschritte für das Marketingkonzept

Bei der Gestaltung des Marketingkonzeptes sind die folgenden Schritte zu beachten:

Zum Überlegen:
Versuchen Sie den Ablauf der Entwicklung eines Produktes, das Sie kennen, mit diesen Begriffen zu beschreiben.

Die vier Bereiche des Marketings

Marktsegmentierung	Zielmarkt	Positionierung	Marketing-Mix
Gibt es mögliche Kunden, die gleiche Bedürfnisse für unsere Produkte haben, oder unterscheiden sich die Bedürfnisse für unser Produkt? Auf dieser Grundlage lassen sich Marktsegmente unterscheiden.	Die Segmentierung ermöglicht es, Gruppen (Segmente) mit gleichen Anforderungen und Gegebenheiten zu bilden.	Mit der Positionierung werden Produkte und Dienstleistungen möglichst unverwechselbar beschrieben, sodass gezielte Vergleiche mit der Konkurrenz möglich werden.	Schließlich ist zu prüfen, ob das Produkt oder die Dienstleistung differenziert werden kann, indem unterschiedliche Varianten entwickelt werden. Dadurch ergibt sich gegenüber der Konkurrenz ein weiterer Vorteil.

11.4 Vier Bereiche des Marketings (4P)

Diese Gliederung zeigt die Bereiche des Marketings.

PRODUCT	PRICE	PLACE	PROMOTION
1	2	3	4
Produkt- und Sortimentspolitik	Preis- und Konditionen-politik	Distributionspolitik	Kommunikationspolitik
Beschäftigt sich mit der marktgerechten Gestaltung der Produkte oder Dienstleistungen: Produktinnovation, Qualität, Sortiment, Verpackung	Beschäftigt sich mit der Gestaltung von Preisen, Zahlungsbedingungen und Abgaben.	Beschäftigt sich mit der Distribution (Vertriebssystem), wozu Fragen des Lagers, der Transporte und der Belieferungstechnik zählen.	Beschäftigt sich mit Werbung, Verkaufsförderung, Kundenkontakten sowie Direct Marketing, Sponsoring und Public Relations.

11.5 Werbung

Man kann unterschiedliche **Formen** der Werbung unterscheiden:

Klassische Werbung	Zeitungen und Zeitschriften, Radio und Fernsehen, Kataloge, Prospekte, Ausstellungen und Messen.
Internet-Werbung	Auf eigener Website (für Produkte und Rückfragen), Social Media (mit Benutzern über Twitter usw.), E-Mail (regelmäßig Newsletter an Kunden).
Influencer	Personen, welche auf verschiedene Arten (Auftritte in der Öffentlichkeit, Vorträge, Besuche bei möglichen Kunden) für ein Produkt werben. Sie sind auch über Internet aktiv, indem sie auf verschiedenen Kanälen über neue Produkte (ihrer Auftraggeber) sprechen.

11.6 Funktion der Werbung

Werbung besitzt verschiedene **Funktionen bzw. Ebenen**. Je nachdem welche Botschaft im Vordergrund steht, werden drei Arten unterschieden:

Zum Überlegen:
Es gibt Leute, die der Meinung sind, dass Unternehmen nur noch informative Werbung einsetzen sollten. Wie denken Sie darüber?

Informative Werbung

Sie informiert, vergrößert die Marktübersicht und erleichtert die Auswahl von Produkten und Dienstleistungen. Ihr Ziel ist die Steigerung des Absatzes, indem sachliche und rationale Argumente verwendet werden. Aufklärende Ehrlichkeit ist das Bestreben.

Suggestive Werbung

Sie ist weniger auf sachliche Information ausgerichtet, sondern sie versucht mit emotionalen Argumenten sowie Übertreibungen und Beschönigungen zu beeinflussen. Sie erschwert Vergleiche mit anderen Produkten. Ihr Ziel ist es, mit unterbewussten Regungen die Vorzüge der eigenen Produkte und Dienstleistungen bekannt zu machen. Oberstes Ziel ist es, besser wahrgenommen zu werden als andere Unternehmen.

Defensive Werbung

Sie dient nicht mehr der Aufklärung der Konsumenten, sondern sie ist bei bekannten Produkten und Dienstleistungen eine Erinnerungswerbung, mit der die Konkurrenz abgewehrt werden soll.

Werbung: pro und contra

In einer Marktwirtschaft ist Werbung wichtig: Sie wirkt sich positiv auf das wirtschaftliche Wachstum aus, wodurch Arbeitsplätze gesichert werden. Sie informiert die Bevölkerung über neue Produkte und Dienstleistungen und schafft beim Einkauf Vergleichsmöglichkeiten. Unternehmen können mit guter und kreativer Werbung ihren Ruf stärken. Darüber hinaus ist Werbung für Radio, Fernsehen etc. eine wichtige finanzielle Einnahmequelle.

Zum Überlegen:
Immer öfters werden von Aktivisten gesetzliche Werbevorschriften vorgeschlagen (z. B. ein Werbeverbot für alkoholische Getränke). Was denken Sie darüber?

Aber die Werbung hat auch Nachteile. Sie schafft laufend neue Bedürfnisse, die nicht immer sinnvoll und nützlich sind. Sie verleitet zu Einkäufen, die insbesondere die junge Generation zum Schuldenmachen verführen. Die Unternehmen nützen letztlich Menschen aus, um sie zu mehr Einkäufen zu veranlassen, indem sie ständig neue Produkte und Dienstleistungen anbieten, ohne sich Gedanken über die Nützlichkeit der Produkte und Dienstleistungen zu machen. Drastisch formuliert, lässt sich Werbung als Schaffen neuer Bedürfnisse charakterisieren.

Weil gleiche Werbung von den Menschen ganz unterschiedlich wahrgenommen wird, wird sie immer mehr gekünstelt und anspruchsvoller und damit teurer, was sich auf die Verkaufspreise auswirkt. Zudem verstärkt die schärfer werdende Konkurrenz unter Unternehmen zunehmend die suggestive Werbung mit ihren Gefahren.

11.7 Werbeplanung

Es existieren zahlreiche Beschreibungen für die Planungsarbeit von Werbemaßnahmen. Ein verbreitetes Beispiel ist das **AIDA-Modell**, das bereits 1898 vom amerikanischen Marketing-Spezialisten Elmo Lewis entwickelt wurde.

Denkstrategie
Neue Ideen finden
(siehe Anhang 9)

Aufgabe: Planung von Werbung

Wählen Sie zusammen mit drei Klassenkameraden ein beliebiges Produkt aus, das Sie kaufen möchten.

Nehmen Sie an, Sie müssten dafür die Werbung in einer Zeitung entwerfen. Wie sieht in Stichworten Ihr Vorschlag aus?

Konkret kann die **Planungsarbeit für Werbemaßnahmen** wie folgt gestaltet werden:

1. Schritt
Was sind die Ziele? Welche Personengruppen sollen mit welchem Ziel angesprochen werden (Produktinformation, Stärke und Vorteile des Produktes, Verbreiten eines Wohlgefühls, Image und Prestige)?

2. Schritt
Welche Botschaft soll die Werbung vermitteln (soll das Produkt sachlich präsentiert werden oder faszinieren)? Je nach Produkt oder Dienstleistung ist eine Kernbotschaft zu entwickeln, nach der alle Maßnahmen der Werbung auszurichten sind.

3. Schritt
Welche Medien sollen für diese Werbung verwendet werden (klassische Werbung, Internet-Werbung, Influencer)?

4. Schritt
Wann soll die Werbung geschaltet werden, und wie lange soll sie in welchem Rhythmus eingesetzt werden?

5. Schritt
Wie hoch dürfen die Ausgaben für diese Werbung sein?

11.8 Wirksamkeit der Werbung

Unternehmen möchten stets wissen, welchen Einfluss die Werbung auf ihre Verkaufszahlen hat. Viele Studien zeigen, dass die Wirkung von Fall zu Fall sehr unterschiedlich ist. So gibt es interessante Untersuchungen (etwa zu Zigaretten und Getränken), die zeigen, dass bei gewissen Produkten ein großer Werbeeinfluss vorliegt. So hat man festgestellt, dass Käufer ihre bevorzugten Zigaretten oder Getränke als Folge einer guten Werbung gar nicht mehr erkannten, sondern nach einiger Zeit nicht mehr das Produkt, sondern die Marke des Produkts kauften, denn sie waren nicht mehr in der Lage, in Blindtests ihr bisheriges Produkt zu erkennen. Das sind aber Ausnahmefälle.

Im Allgemeinen führt die Beurteilung der Wirksamkeit von Werbemaßnahmen zu sehr unterschiedlichen Resultaten, weil Faktoren des Verhaltens der Kunden mit ihrer Wahrnehmung die Wirksamkeit der Werbung stark beeinflussen. Solche Faktoren sind beispielsweise Alter und kultureller Hintergrund, emotionale und/oder oberflächliche Wahrnehmung der Werbung, Sinnhaftigkeit und Botschaft der Werbung, Reputation der werbenden Unternehmen, Häufigkeit der Werbung usw. Deshalb werden für die Marktwirtschaft die Gestaltung bzw. der Umgang mit Werbung immer wichtiger, um zu wirkungsvollen Ergebnissen zu gelangen.

Denkstrategie
Neue Ideen finden
(siehe Anhang 9)

Aufgabe

Sie wollen bei Kunden mit einem Fragebogen herausfinden, wie Kunden ein Produkt beurteilen. Wählen Sie ein beliebiges Produkt und erstellen Sie dafür den Fragebogen.

12 Beispiele von Problemen mit Unternehmen in der öffentlichen Diskussion

Westeuropäische Länder wie Österreich, Deutschland oder die Schweiz haben seit dem 2. Weltkrieg hohen Wohlstand und angemessene Wohlfahrt erreicht. Zurückzuführen ist dies auf die Innovationsbereitschaft der Unternehmen, die Zuverlässigkeit der Mitarbeiter, die Qualität der Produkte und Dienstleistungen sowie die zielgerichtete Unternehmensführung in einer freiheitlichen Wirtschaftsordnung.

Wohlstand heißt: die Bevölkerung verfügt über ein großes Angebot von Gütern und Dienstleistungen.

Wohlfahrt heißt: Wohlbefinden der Bevölkerung dank guter Gesundheitsvorsorge, Bildung, sozialer Sicherheit usw.

Selbstverständlich verlief diese Entwicklung angesichts vieler Zielkonflikte in Wirtschaft und Politik nicht ohne Fehlentwicklungen in einzelnen Bereichen der Wirtschaft und Führungsfehler und Fehlverhalten von Führungskräften. Dass es Unschönheiten und sogar „Gaunereien“ auch auf Führungsebene gab und gibt, kann nicht geleugnet werden.

Vor allem Fehlentwicklungen in der Wirtschaft und das Fehlverhalten oder Versagen von Führungskräften führt immer häufiger zu Diskussionen und zu öffentlicher Kritik an Unternehmen, die jedoch oft undurchdacht und unsachlich ist, weil viele Leute nicht mit Zielkonflikten umzugehen verstehen. Deshalb vertreten diese Menschen meist einfache Patentlösungen, die solche Diskussionen polarisieren.

Patentlösung heißt: jemand tritt für eine möglichst einfache Lösung eines Problems ein und meint es damit zu lösen. Übersehen werden aber mögliche Nachteile von Patentlösungen. Meistens bringen Patentlösungen neue Probleme – und sie polarisieren.

Ziel dieses Lehrbuchs ist es, gegen Patentlösungen und gegen die Polarisierung bei Fragen des Unternehmens in seinen Umweltsphären und der Unternehmensführung zu wirken.

Polarisieren heißt: Menschen vertreten stur eine Lösung oder Meinung und gehen nicht auf andere Menschen zu. Sie tragen zu keiner besseren Lösung bei und streiten unversöhnlich.

Deshalb sollen Sie befähigt werden, Streitfragen im Zusammenhang mit Unternehmen sachlich und unter Beachtung möglicher Zielkonflikte zu beurteilen.

Versuchen Sie bei allen folgenden Situationen, das Geschehen in das Management-Modell einzuordnen und Antworten zu finden.

Situation 1: Langfristige Gewinnentwicklung

Im Jahresbericht eines Unternehmens wird dargestellt, wie viel das Unternehmen in den Umweltschutz (umweltfreundliche Produkte) und Maßnahmen zugunsten des Personals (Gesundheitsschutz, betriebliche Ausbildung) investiert hat. In einer Wirtschaftszeitung wird dieser Bericht mit folgenden Worten kritisiert: „Alle diese Maßnahmen sind Augenauswischerei, da nur versucht wird, den Ruf des Unternehmens (Reputation) zu verbessern, um mehr zu verkaufen und den Gewinn langfristig zu maximieren. Damit wird aber das Übel der Wirtschaft, die gesamtwirtschaftlich schädliche Philosophie der Gewinnmaximierung, nicht beseitigt.“

Aufgabe zur Situation 1:

Entwerfen Sie eine Disposition, wie Sie mit einem Kurzvortrag diese Aussage beurteilen.

Arbeitstechnik
Entwurf einer Disposition (siehe Anhang 11)

Forderung 2: Unternehmenssteuern

Die Regierung eines Landes bereitet ein neues Gesetz zur Besteuerung von Unternehmen vor. Ziel ist es, die Unternehmenssteuern zu senken,

- damit Unternehmen dank niedrigerer Steuern die Preise senken können, um international konkurrenzfähig zu werden.
- damit ausländische Unternehmen dank tieferer Steuern ihren Standort ins Inland verlegen, was hier zu neuen Arbeitsplätzen und zusätzlichen Steuereinnahmen führt.

Für Regierung und Arbeitgeberverbände ist das ein gut vertretbarer Vorschlag zum Wohle des Landes.

Arbeitnehmerorganisationen und einzelne Parteien sind dagegen, weil die Einkommenssteuern der Bürgerinnen und Bürger nicht gesenkt werden, was sie als ungerecht empfinden. Zudem befürchten sie, dass Unternehmen dank tieferer Steuern höhere Gewinne erzielen, was sie wiederum als fragwürdig bezeichnen.

Aufgabe zur Forderung 2:

Bilden Sie sich nach Abwägen der Vorteile und Nachteile Ihre eigene Meinung.

Denkstrategie
Abwägen von Vorteilen und Nachteilen
(siehe Anhang 12)

Normatives Problem 3: Spenden eines Unternehmens

Ein internationales Pharmaunternehmen A spendet den ärmsten Entwicklungsländern einer Epidemie vorbeugend Medikamente für 10 Millionen Euro. Nachdem diese Spende bekannt wird, erkundigt sich ein Journalist beim Konkurrenzunternehmen B, ob es das auch tue. Dessen Geschäftsleitung gibt folgende Erklärung ab: „Tun wir nicht, denn erstens ist diese Vorsorge eine Aufgabe des Staates. Zweitens benötigen wir die finanziellen Mittel für die Erforschung und Entwicklung neuer Medikamente. Und drittens wollen wir Spenden an Entwicklungsländer nicht zu Werbezwecken missbrauchen."

In der Folge erscheinen in der Presse viele befürwortende und ablehnende Leserbriefe zum Verhalten der beiden Pharmaunternehmen. Einzelne Leser kritisieren die Spende mit der Vermutung, es würden ohnehin nur Medikamente mit überschrittenem Ablaufsdatum geliefert werden, die in den entwickelten Ländern unverkäuflich seien. Andere Leser loben die Spende mit dem Argument „Tu Gutes und sprich darüber". Eine dritte Gruppe meint, das Vorhaben sei löblich, sofern nicht verfallene Medikamente geliefert werden.

Aufgabe zum normativen Problem 3:

1. Definieren Sie alle Probleme, die sie in diesem Beispiel finden.
2. Wie würden Sie als Geschäftsleitung B selber entscheiden?

Behauptung 4: Aufbauorganisation

Jemand behauptet: Ich habe die Aufbauorganisation vieler großer Unternehmen und die personelle Besetzung der obersten Stellen studiert. Dabei habe ich festgestellt, dass in den obersten Kontrollorganen und Geschäftsleitungen verschiedener Unternehmen immer dieselben Leute sitzen und die meisten Personen gleich denkende Wirtschaftsführer sind. Andersdenkende und Frauen fehlen weitgehend. Damit liegt die eigentliche unternehmerische Macht bei ausgewählten, gleich denkenden Menschen, die zudem innerhalb der Aufbauorganisation hierarchisch denken und anordnen. Das ist für die Entwicklung der Wirtschaft gefährlich. Diese Leute handeln und entscheiden oft egoistisch und selbstherrlich und streben nur nach hohen Gewinnen, sie sind verantwortlich für die Finanz- und Wirtschaftskrise.

Aufgabe zur Aufbauorganisation 4:

Überlegen Sie, ob diese Feststellung wirklich so geäußert werden darf.

Orientieren Sie sich dabei an der Denkstrategie: Texte interpretieren
(siehe Anhang 5)

Intervention heißt: staatlicher Eingriff in die Wirtschaft.

Regulierung heißt: Eingriff in die Tätigkeit der Unternehmen.

Aufgabe zur Feststellung 5:

Bilden Sie sich ein eigenes Urteil zu diesen Aussagen.
Finden Sie Beispiele von notwendigen Vorschriften, die auf Fehlverhalten der Unternehmen zurückzuführen sind und Beispiele für unnötige Vorschriften.

Suchen Sie im Internet im Bereich Vorschriften für Banken oder für die Herstellung und den Verkauf von Lebensmitteln und Getränken nach Beispielen.

Sozialleistungen heißt: Beiträge des Staates und von Unternehmen, um eine größere soziale Gerechtigkeit für alle zu schaffen.

Aufgaben zu Gespräch 6:

1. Analysieren Sie die erste Aussage von Herrn A.

   Orientieren Sie sich dabei an der Denkstrategie: Verlässlichkeit von Aussagen beurteilen (siehe Anhang 2)

2. Bei welchen Aussagen benötigen Sie noch genauere Angaben, damit Sie die Richtigkeit überprüfen können?
3. Stellen Sie über das ganze Gespräch und dessen Zusammenhänge ein Netzwerk auf. Ziehen sie die Denkstrategie: Vernetztes Denken bei (siehe Anhang 3).
4. Welche Schlussfolgerungen ziehen Sie aus dem gesamten Gespräch?

Feststellung 5: Anspruchsgruppe Staat

Viele Unternehmen beklagen sich über die zunehmende Zahl von Gesetzen, Verordnungen und weiteren Vorschriften, die sie ihrer Meinung nach in ihrer wirtschaftlichen Entwicklung hemmen. Deshalb fordern sie im Interesse einer effektiven und effizienten Weiterentwicklung den Abbau staatlicher Interventionen (Regulierungen) und der damit verbundenen Bürokratie. Umgekehrt hört man aber aus der Öffentlichkeit oft die Behauptung, Unternehmen seien an der zunehmenden Regulierung des wirtschaftlichen Geschehens selber schuld, weil die wachsende Zahl von Vorschriften zu einem guten Teil das Ergebnis unternehmerischen Fehlverhaltens sind. Der Staat müsse mit seinen Vorschriften die Bürgerinnen und Bürger vor Fehlentwicklungen, die die Wirtschaft verschuldet, schützen.

Gespräch 6: Anspruchsgruppe Kunden und Mitarbeiter (Bürgerinnen und Bürger)

In einem Gasthaus diskutieren die Herren A, B und C am Stammtisch wirtschaftliche Probleme:

Herr A: *Eigentlich ist es um unsere Wirtschaft schlecht bestellt. Die höheren Einkommensschichten verdienen immer mehr und die unteren Einkommensschichten immer weniger.*

Herr B: *Das stimmt. Zurückzuführen ist das auf die Gewinnorientierung der Unternehmen. Sie streben nach immer höheren Gewinnen, die hauptsächlich unter den Führungskräften (z. B. mit hohen Boni bei Banken und großen Unternehmen) verteilt werden.*

Herr C: *Und uns, mit niedrigen Einkommen, kürzt man in wirtschaftlich schlechten Zeiten die Pensionen und Renten.*

Herr A: *Leider müssen unsere Pensionsbeiträge in an der Börse gehandelte Wertpapiere angelegt werden. Weil die Börsenkurse rückläufig sind, sinkt der Wert der einbezahlten Beiträge. Zudem sind die Dividenden nicht mehr sehr hoch, wodurch die Pensionen und Renten sinken müssen.*

Herr B: *Dann müsste man schauen, dass Börsenkurse und Dividenden wieder steigen.*

Herr C: *Ja, deshalb müssen die Unternehmen höhere Gewinne ausweisen. Dann steigen Börsenkurse und Dividenden automatisch.*

Herr A: *Aber dann wird die Einkommensungleichheit noch größer, denn nur reiche Leute besitzen Aktien.*

Herr B: *Deshalb müsste man reiche Leute und Unternehmen stärker besteuern, damit der Staat die Sozialleistungen für ärmere Bevölkerungsschichten erhöhen könnte.*

Herr C: *Das wäre gut, denn dann könnten auch die ärmeren Bevölkerungsschichten mehr kaufen, was die Wirtschaft ankurbeln würde.*

Herr A: *Das sollte nicht über Sozialleistungen geschehen, sondern die Löhne der unteren Schichten müssen erhöht werden. Dadurch würde die Last nicht auf den Staat fallen, sondern die Unternehmen müssten etwas für ihre Mitarbeiter auf unteren Stufen zulasten ihres Gewinnstrebens tun.*

Herr B: *Das ist gut gemeint. Aber höhere Löhne verteuern die Herstellkosten, wodurch der Export behindert werden könnte.*

Herr A: *Diese Zusammenhänge sind sehr kompliziert und voller Widersprüche.*

ANHANG

Anhang 1

Lernstrategie: Besser lesen, um mehr zu lernen

Die folgende Anleitung soll Sie mit einer Lernstrategie vertraut machen, mit der Sie beim Lesen von Texten aller Art mehr lernen. Wollen Sie besser lesen, so dürfen Sie nicht nur lesen, sondern müssen drei Phasen durchlaufen: Vorbereitung des Lesens, gezieltes Lesen und Nachbereitung.

1. Phase: Vorbereitung des Lesens

Zuerst müssen Sie die Lesesituation und sich selbst einschätzen. Dazu sollten Sie Folgendes überlegen:

1. Warum muss oder will ich diesen Text lesen?
2. Dann können Sie entscheiden, wie gründlich Sie diesen Text lesen müssen (z. B. nur überfliegen, um zu sehen, ob Sie diesen Text für eine Gruppenarbeit brauchen können; oder genaues Lesen, um den Text zu verstehen oder um sich auf eine Prüfung vorzubereiten).

3. Anschließend müssen Sie sich auf das Lesen vorbereiten. Arbeitsplatz bestimmen, nötiges Hilfsmaterial bereitlegen (z. B. ein Wörterbuch, wenn Sie sehen, dass Sie viele Ausdrücke im Text nicht kennen). Dazu sollten Sie einen Zeitplan aufstellen (länger als 40–50 Minuten kann man nicht gründlich lesen).
4. Dann beginnt die Arbeit mit dem Text, indem man sich einen Überblick verschafft: Überblicken des Titels, Beachten des Fettgedruckten, Überfliegen von Schemata, Tabellen und Skizzen, um zu entscheiden, in wie viele Leseabschnitte die Lektüre aufgeteilt werden soll (kann ich Unterabschnitte gliedern, nach denen ich das Lesen unterbreche?).
5. Schließlich müssen Sie einige wenige Fragen zum Text stellen (Worauf gibt er mir Informationen oder eine Antwort? Was kann ich vom Text erwarten? Wozu soll er mir dienen? Was will der Verfasser zeigen?). Mit solchen Fragen wecken Sie Ihr Interesse am Lesen und Sie lernen zielgerichteter.

2. Phase: Gezielt Lesen

Damit sind Sie zum Lesen bereit, wobei Sie folgende Regeln beachten sollten:

1. Lesen Sie in Etappen, d. h., unterbrechen Sie das Lesen nach einem zusammenhängenden Abschnitt und überlegen Sie sich, ob Sie wirklich alles verstanden haben.

2. Lesen Sie den Abschnitt einmal und sorgfältig. Lesen Sie nicht weiter, wenn Sie etwas nicht verstanden haben. Lesen Sie den Teil nochmals. Überspringen von Unverstandenem erschwert das spätere Lesen.
3. Unterstreichen oder Markieren des Texts bringt nichts, weil Sie die Strukturen des Texts nicht richtig erkennen können. Besser ist es, den Text durch zeichnerische Darstellung (Strukturieren) zu gliedern. Nachfolgende Tabelle zeigt Möglichkeiten, wie Sie strukturieren können.

   Entwickeln Sie diese Strukturen während des Lesens – entweder auf dem Seitenrand des Buches oder auf einem separaten Blatt.
4. Der Entwurf solcher Strukturen ist wirksamer als das Abfassen fortlaufender Zusammenfassungen in ganzen Sätzen.

Strukturierung von Texten

Nach welchem Prinzip ist die Information geordnet?	Leitfragen, um herauszufinden, wie etwas geordnet ist oder geordnet werden kann.	Wie lässt sich die Informationen übersichtlich darstellen?
Elemente, Merkmale	■ Woraus besteht etwas? ■ Wie ist etwas zusammengebaut?	Liste, Diagramm, Disposition 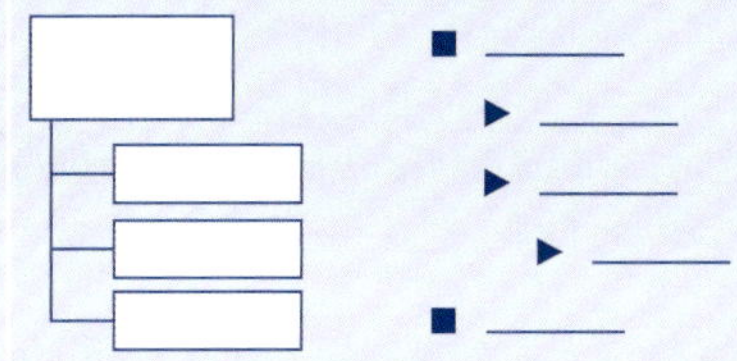
Über-/Unterordnung	■ Was/wer ist übergeordnet? ■ Was/wer ist untergeordnet? ■ Was sind die Hauptgedanken? ■ Was sind die unterstützenden Einzelheiten zu jedem Hauptgedanken?	Baum, Delta, Gedankennetz (Mindmap) 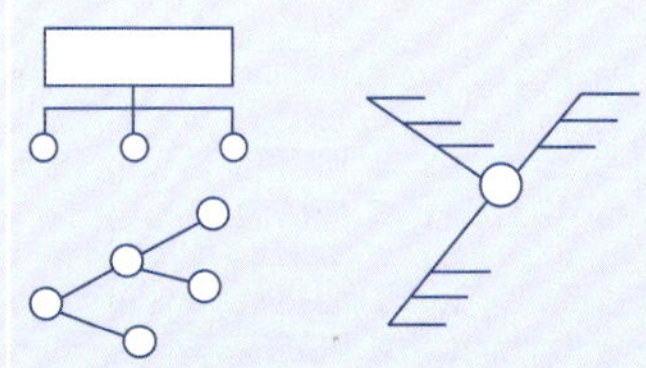
Vergleich/Beurteilung	■ Welche Gemeinsamkeiten/Unterschiede bestehen? ■ Nach welchen Gesichtspunkten kann man etwas beurteilen? ■ Welche Elemente (Gegenstände, Strömungen, Lösungsalternativen usw.) sind zu vergleichen oder zu beurteilen?	Matrix, Raster 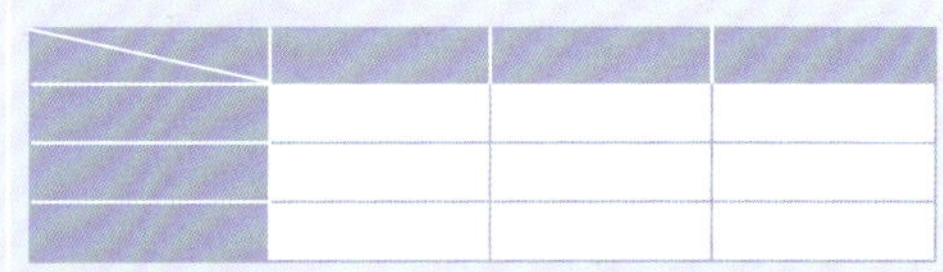
Beziehungen	■ Wie stehen verschiedene Dinge miteinander in Beziehung? ■ Was ist wovon abhängig?	Beziehungsnetz, grafische Darstellung, Funktion 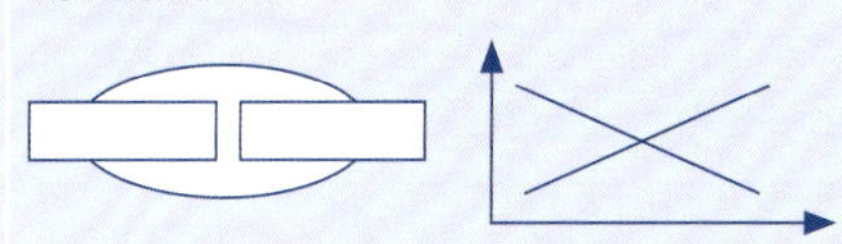
Reihenfolge, Ablauf	■ Was geschah Schritt für Schritt? ■ In welcher Reihenfolge macht man etwas? ■ Was folgt daraus?	Zeitgerade, Flussdiagramm, Ablaufplan 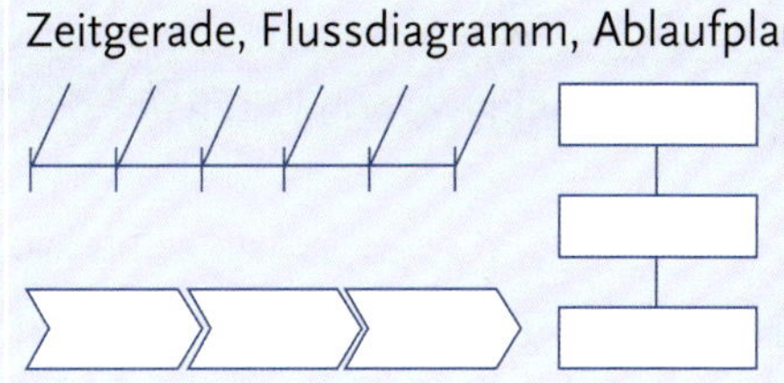

Quelle: Ch. Metzger: Lern- und Arbeitsstrategien, CH-Oberentfelden, 2010

3. Phase: Nachbearbeitung

Wenn Sie eine Etappe gelesen haben, müssen Sie das Gelesene zusammenfassen und überprüfen, ob Sie das Wesentliche aufgenommen haben. Dazu haben Sie folgende Möglichkeiten:

1. Sie überprüfen, ob Sie die einzelnen Begriffe und die Zusammenhänge verstanden haben. Dazu können Sie Ihre Strukturen abdecken und sie Schritt für Schritt öffnen, um zu sehen, ob Sie sie tatsächlich gelernt haben.
2. Sie stellen sich selbst Fragen und schauen, ob Sie sie beantworten können.
3. Sie sprechen den Inhalt der gelesenen Etappe leise für sich vor.
4. Sie bauen das Gelesene in den größeren Zusammenhang (in Ihr Vorwissen) ein.

Anhang 2

Denkstrategie: Verlässlichkeit von Aussagen beurteilen (kritisches Denken)

Viele Aussagen zu wirtschaftlichen Sachverhalten, Problemen und Daten sind häufig wenig durchdacht, einseitig, propagandistisch und im schlimmsten Fall sogar unwahr. Deshalb ist es ganz wichtig zu lernen, wie man die Verlässlichkeit von Aussagen beurteilt, um selber immer zutreffend zu argumentieren. Das folgende Schema zeigt, wie man vorgehen kann, um die Verlässlichkeit einer Aussage zu beurteilen.

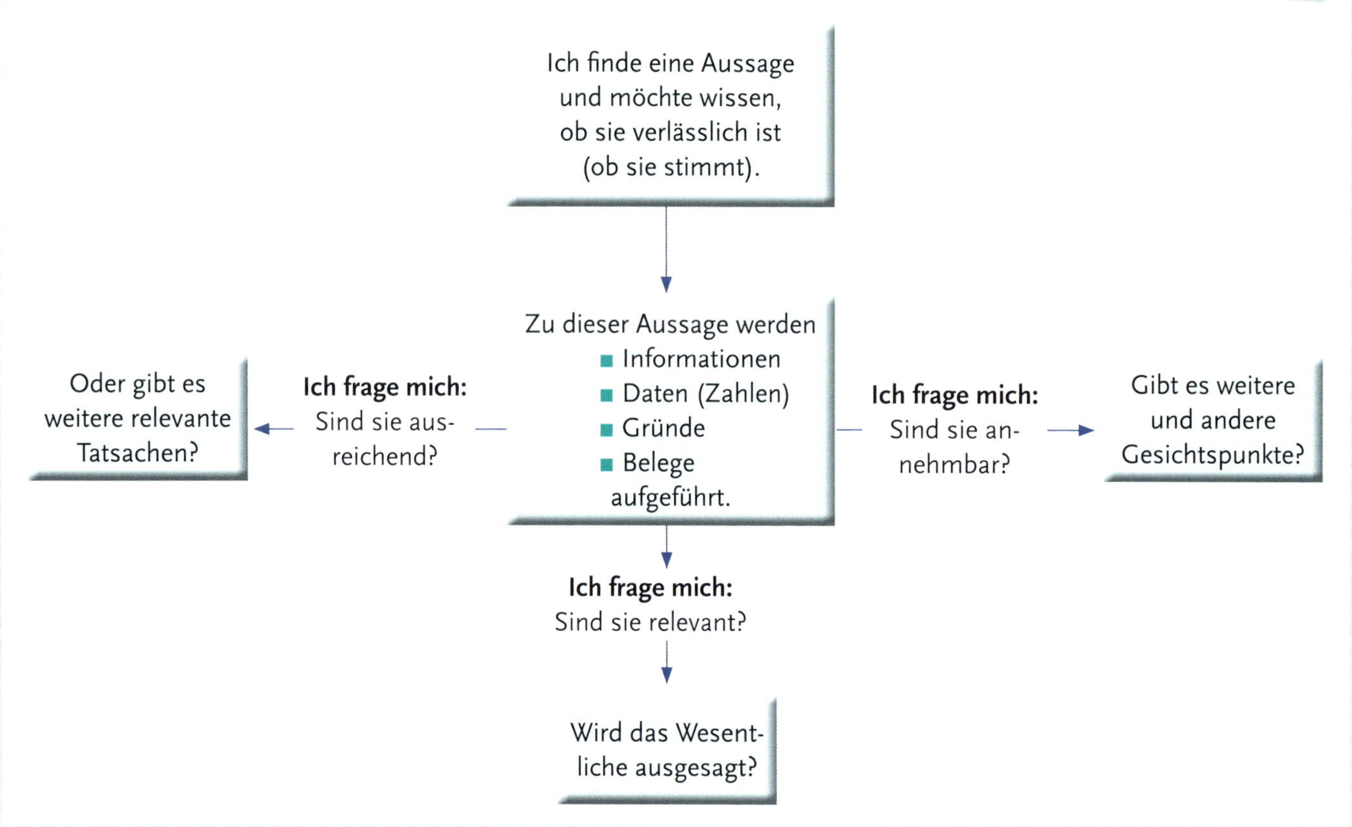

Ich studiere also die Aussage genau und suche heraus, welche Informationen, Daten (Zahlen), Gründe, Belege angeführt sind. Dann stelle ich die drei Fragen, um allenfalls zu erkennen, ob wirklich alles gegeben ist, damit ich die Richtigkeit der Aussage bestätigen kann oder erkenne, dass die Aussage ungenau, oberflächlich oder gar falsch ist. Nur auf diese Weise komme ich zu genaueren und verlässlicheren Aussagen.

Anhang 3

Denkstrategie: Vernetztes Denken

Mit dem vernetzten Denken soll das lineare Denken, bei dem immer nur ein Ursache-Wirkungs-Denken vorherrscht, überwunden werden. Ursache-Wirkungs-Denken heißt: Es geschieht etwas, und ich schaue nur auf die vordergründige Wirkung. Der höhere Gewinn als Wirkung ist positiv (+).

Beispiel

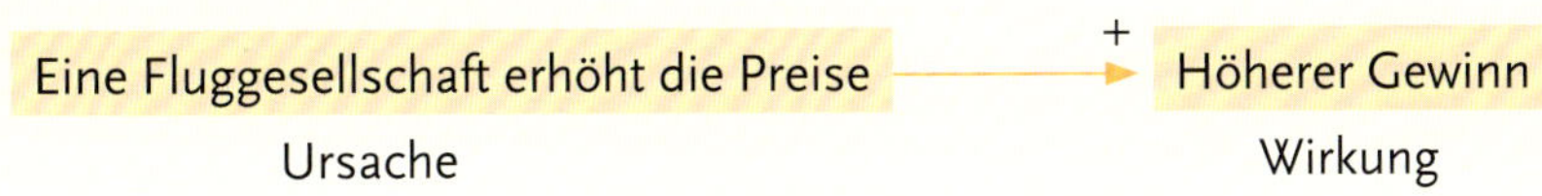

Wenn ich vernetzt denke, schaue ich weitere Folgen der Preiserhöhung an.

Beispiel

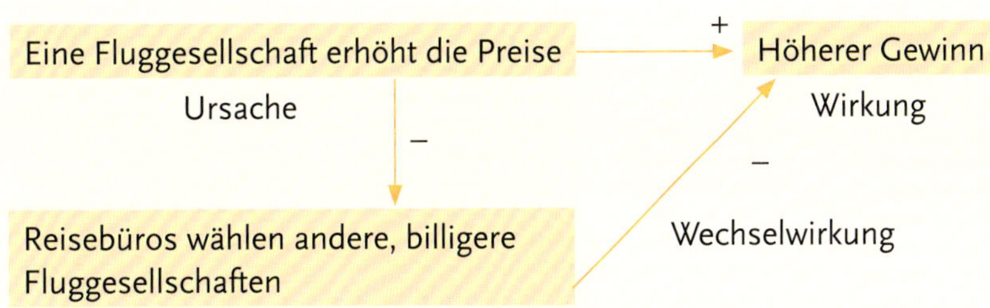

Sobald ich weitere Gesichtspunkte einbeziehe, kann das Gegenteil passieren: Die Fluggesellschaft verliert die Reisebüros als Kunden, womit sich der Gewinn verkleinert (negative Auswirkungen).

Das Ziel vernetzten Denkens ist es also, bei einem bestimmten Sachverhalt oder einer bestimmten Situation alle Abhängigkeiten und Wechselwirkungen zwischen einer Vielzahl von Einflussfaktoren zu ermitteln. Zu diesem Zweck werden Netzwerke entworfen, mit denen die Wechselwirkungen und Abhängigkeiten der einzelnen Einflussfaktoren sichtbar werden.

Beispiel:
Ein Unternehmen der Konsumgüterindustrie hat eben ein neues Verkaufskonzept beschlossen, mit dem in allen Bundesländern Regionalvertretungen mit einem Verkaufsleiter und Verkäufern errichtet werden und das mit einer Werbekampagne gekoppelt wird. Dazu erhalten alle Verkäufer einen eigenen Firmenwagen mit dem Firmenlogo, damit die Marke des Konsumgutes bekannt wird. Kurz nach diesem Beschluss kommt es bei diesem Unternehmen zu einem Gewinneinbruch, weil sich ein Konkurrenz-Unternehmen auf den Märkten der alten Bundesländer besser positionieren konnte. Die Unternehmensleitung entscheidet sich in dieser kritischen Situation, die Kosten sofort zu vermindern (eine Kostensparstrategie umzusetzen).

Linear denkende Leitungsorgane wollen damit ihren Gewinn mit einzelnen Maßnahmen steigern (weniger Personal, Reduktion der Werbekosten, Verzicht auf Autos). Das folgende Netzwerk zeigt, dass mit allen Maßnahmen das Ziel der Gewinnsteigerung auf den ersten Blick erreicht werden kann (+ bedeutet: diese Maßnahme wirkt sich positiv auf das Ziel aus).

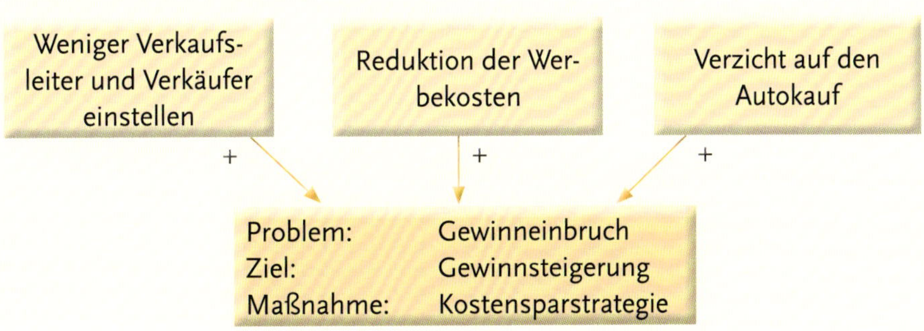

Sobald aber vernetzt gedacht wird, also weitere Einflussfaktoren betrachtet werden, ergibt sich ein anderes Bild (– bedeutet: im Hinblick auf das Ziel ergeben sich negative Auswirkungen).

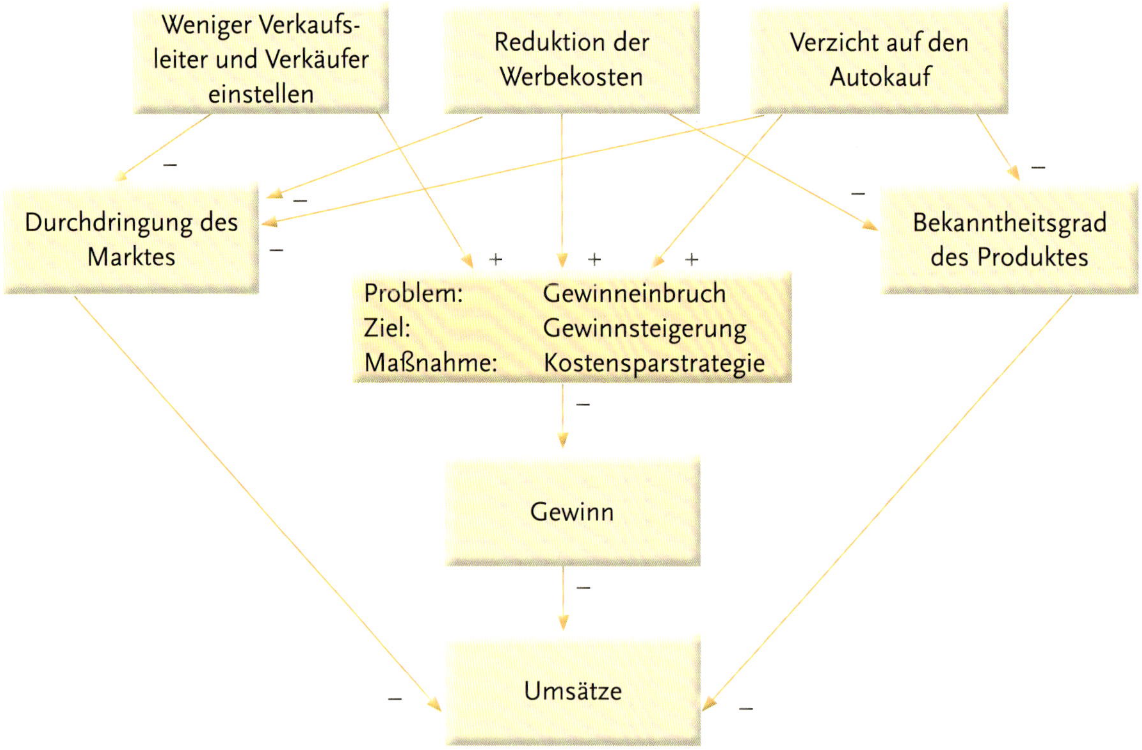

An diesem Beispiel wird der Unterschied zwischen linearem und vernetztem Denken sichtbar: Je mehr Einflussfaktoren mit einbezogen werden, desto deutlicher werden die Folgen für die Zielerreichung sichtbar. Die Kostensparstrategie kann zu Umsatzeinbußen führen und damit den Gewinn schmälern.

Anhang 4

Denkstrategie: Zielkonflikte erkennen, beurteilen und lösen

Wenn Sie einen Zielkonflikt erkennen, beurteilen und lösen wollen, sollten Sie die folgenden Denkschritte durchlaufen.

1. Schritt: Sie definieren das Problem.

Am besten definiert ist ein Problem, wenn man es als Frage formuliert und die Antwort auf die Frage die Problemlösung gibt.

2. Schritt: Sie suchen nach mehreren Lösungen (es sollen vernünftige Lösungen sein).

Es ist wichtig, dass man möglichst viele Lösungsmöglichkeiten sucht.

3. Schritt: Sie überlegen sich, welche Vorteile und Nachteile die einzelnen Lösungen haben.

Es sollten anfänglich möglichst viele Vorteile und Nachteile gesucht werden, wobei am Ende der Suche die weniger wichtigen gestrichen werden.

4. Schritt: Sie bestimmen die Kriterien (z. B. Einfluss auf den Gewinn, Folgen für das Personal), mit denen Sie die Vorteile und Nachteile beurteilen.

Es ist gut zu überlegen, welche Kriterien gewählt werden. Mit wenig aussagekräftigen oder unwesentlichen Kriterien findet man keine guten Lösungen.

5. Schritt: Sie entscheiden sich für die passende Lösung.

Die Entscheidung trifft man aufgrund sorgfältigen Abwägens der Vorteile und Nachteile.

Anhang 5

Denkstrategie: Texte interpretieren

Bei Texten (Leserbriefen, Zeitungsartikeln, Aufsätzen) zu kontroversen Themen müssen Sie den Text einmal durchlesen, um den gesamten Text im Überblick zu kennen. Anschließend sollten Sie den Text schrittweise nochmals lesen und versuchen, die Fragen nach dem folgenden Schema zu beantworten:

An welchen Stellen erkenne ich, wie der Verfasser grundsätzlich denkt: Welche Werte und Normen kommen zum Ausdruck?

↓ ↓

Beinhaltet der Text Behauptungen, die nicht stimmen können (oder nur stimmen, wenn man die Werte und Normen des Verfassers annimmt)?

Beinhaltet der Text sachlich richtige Feststellungen, die für die Kontroverse bedeutsam sind?

↓

Hat der Text Widersprüche?

↓

Erkennt der Verfasser Zielkonflikte und bespricht er sie?

↓

Wie lautet meine Meinung?

Anhang 6

Denkstrategie: Probleme lösen

1. Schritt: Ordnung der Gegebenheiten und des eigenen Wissens

Gegebenheit 1 | Gegebenheit 2 | Gegebenheit 3

Entscheidend sind zwei Fragen:

1. Was weiß ich?
2. Was weiß ich nicht?

Gute Problemlöser verwenden für diesen Schritt viel Zeit, um von guten Kenntnissen des Sachverhaltes ausgehen zu können.

2. Schritt: Formulierung des Problems

Problemstellung

Am wirksamsten ist es, wenn die Problemstellung als Frage definiert wird und die Antwort darauf die Lösung gibt.

Besonders bei Arbeiten in Gruppen ist es wichtig, dass man sich auf die Problemstellung einigt. Andernfalls redet man häufig aneinander vorbei und verliert viel Zeit.

3. Schritt: Erstellen einer Matrix

Lösungen / Kriterien	Lösung 1	Lösung 2	Lösung 3
Kriterium A			
Kriterium B			
Kriterium C			

Dann überlegt man sich mögliche Lösungen, die vernünftig sein sollen und sucht nach Kriterien, mit denen man im nächsten Schritt die Lösungen beurteilt. Sinnvoll ist es, wenn man sich auf 3–4 Lösungen und 4–5 Kriterien beschränkt.

Bei Arbeiten in Gruppen sollten die Gruppenmitglieder zunächst Lösungsvorschläge und dann mögliche Kriterien einbringen, die nicht sofort kritisiert werden (Brainstorming, siehe Anhang 9).

4. Schritt: Bewertung der Lösungen

Bewertung

Dann werden die Lösungen anhand der Kriterien bewertet. Beurteilt man die Lösung bezüglich eines Kriteriums als gut, so bezeichnet man dies mit +, ist die Beurteilung negativ, mit –, ist sie neutral, mit ~ [1].

Es gibt Kriterien, die bedingungslos erfüllt sein müssen (z. B. rechtliche Vorschriften, höchster Einsatz von finanziellen Mitteln). In diesem Fall fällt eine mögliche Lösung weg, wenn das Kriterium nicht erfüllt ist.

4. Schritt: Bewertung der Lösungen

Entscheid

Aufgrund der Bewertung kann die Entscheidung getroffen werden.

Dabei soll man die Zeichen +, –, ~ nicht nur zählen, sondern eine Gewichtung nach der Wichtigkeit der Kriterien vornehmen. [2]

1 Oft wird vorgeschlagen, Bewertungen mit Zahlen vorzunehmen. Dazu wird eine **Nutzwertanalyse** eingesetzt. Ihr Ziel ist es, ein vergleichbares Bewertungsmaß (Punktwert) für die verschiedenen Lösungen zu erhalten. Dabei wird wie folgt vorgegangen:

1. Matrix erstellen
2. Gewichtung der Kriterien (Gesamtnutzen aller Kriterien = 100)
3. Vergabe von Punkten (P) für die einzelnen Kriterien nach Wichtigkeit (z. B. 1 = hoch, 2 = mittel, 3 = tief)
4. Berechnung des Nutzens (G x P)
5. Ermittlung des Gesamtnutzens jeder möglichen Lösung
6. Allenfalls Durchführung einer **Sensitivitätsanalyse**

Kriterien \ Lösungen		Lösung A		Lösung B		Lösung C	
	Gewichtung G	Punkte P	Nutzen G x P	Punkte P	Nutzen G x P	Punkte P	Nutzen G x P
Kriterium A	40	2	80	3	120	3	120
Kriterium B	35	1	35	3	70	1	35
Kriterium C	25	3	75	2	50	1	25
Gesamtnutzen	100		190		240		180

Eine Sensitivitätsanalyse wird durchgeführt, um zu erkennen, welche Auswirkungen eine Veränderung der Gewichtung (z. B. bei Kriterium A: 30 statt 40) auf die Rangfolge der Lösungen hat. Auf diese Weise soll die Stabilität der Entscheidung überprüft werden. Die Nutzwertanalyse ist eine quantitative (zahlenmäßige) und qualitative (überlegungsmäßige) Problemlösetechnik: Für die Kriterien werden Werte berechnet (quantitativ), die Werte sind aber überlegungsmäßig (qualitativ) zu bestimmen. Im Allgemeinen gilt: Wo anhand von Zahlen entschieden werden kann (z. B. bei der Entscheidung über eine wichtige Investition, deren Kosten bekannt und die Leistung zahlenmäßig abschätzbar sind), ist eine Nutzwertanalyse wertvoll. Überall dort, wo alles abgeschätzt werden muss (z. B. bester Standort für ein Unternehmen), bringt sie keine besseren Ergebnisse als das Verfahren mit +, –, ~.

2 Diese Problemlösestrategie garantiert keine richtigen Lösungen. Sie trägt aber ganz wesentlich dazu bei, besser überlegte und begründbare Lösungen zu erhalten.

Diese Problemlösestrategie eignet sich auch zur Lösung privater Probleme aller Art.

Anhang 7

Recherchestrategie im Internet mit Google

Fehlen uns Begriffe, Informationen und Daten, können wir sie heute über das Internet suchen. Am bedeutendsten ist das World Wide Web (www), mit dem man durch einen einfachen Mausklick jeden beliebigen Sachverhalt abrufen kann. Allerdings wird der Abruf infolge der Informationsfülle immer schwieriger, weil

- es keine zentrale Koordination oder Kontrolle darüber gibt, wer was, wo und wie veröffentlicht hat.
- es keine klare Strukturierung gibt, d. h., eine Information kann eine kurze Erklärung, ein zusammenfassender Text, eine Grafik oder ein ganzes Buch sein.
- die Information beliebig ist, da jedermann eine Information ins Internet stellen kann oder nicht.
- die Informationsfülle zur gleichen Thematik oder Fragestellung immer größer und unübersichtlicher wird.

Deshalb muss mit Ergebnissen im Internet sehr sorgfältig umgegangen werden. Daher sollten Sie eine **systematische Recherchestrategie** verwenden.

1. Schritt: Vorüberlegungen: Was suche ich eigentlich?

- Kann ich mit einem klaren Begriff umschreiben, was ich suche?
- Gibt es allenfalls verwandte Begriffe, mit denen ich nachsuchen kann?

2. Schritt: Suchprozess

Ich beginne mit der Suche, indem ich den gewählten Begriff eingebe.

- Führt mich das Suchergebnis zu einer Antwort oder Lösung?
  - Erhalte ich die volle Antwort?
  - Ist die Quelle verlässlich oder einseitig orientiert?
  - Genügt mir das Suchergebnis nicht?
- Muss ich deshalb weiter suchen, indem ich vom speziellen Ergebnis allgemeine Ergebnisse oder vom Allgemeinen beim Speziellen weitersuche?

  Beispiel vom Speziellen zum Allgemeinen: Kostensparstrategie → Unternehmensstrategie → strategisches Management.

  Beispiel vom Allgemeinen zum Speziellen: Strategisches Management → Unternehmensstrategien → Formen von Strategien.

- Beachte ich unterschiedliche Definitionen für die Begriffe, damit nicht unnötige begriffliche Verwirrungen entstehen?
- Bin ich sicher, dass ich möglichst vollständige Informationen erhalte (verschiedene Informationsquellen)?

  Beispiel: Ich will mich über neue Formen der Unternehmenssteuern informieren. Ich suche nicht nur die Meinung der Unternehmer, sondern – um mir ein klares Bild zu machen – lese ich auch Schriften von Parteien und Gruppierungen mit anderen Meinungen.

3. Schritt: Selbstkontrolle

Bin ich sicher, dass ich mich nicht mit dem ersten Suchergebnis begnügt habe?
Habe ich unterschiedliche Ergebnisse der Suchergebnisse einander gegenübergestellt und kann ich mein Suchergebnis überzeugend rechtfertigen?

Anhang 8

Bildinterpretation

Bilder haben große Aussagekraft – deshalb können Menschen mit Bildern beeinflusst werden. Umso mehr wird versucht, mit Bildern zu manipulieren. Das kann auf verschiedene Weise erfolgen: Je nach Absicht werden echte, unveränderte Bilder veröffentlicht, die eine Person in einem guten oder schlechten Licht erscheinen lassen (z. B. ein Politiker, der von vielen Leuten beklatscht wird oder ein Politiker, der während einer Parlamentssitzung schläft). Bilder werden manipuliert, d. h., mit technischen Hilfsmitteln so verändert, dass sie nicht mehr die Wahrheit wiedergeben, sondern die Betrachter in bestimmter Weise positiv oder negativ zu beeinflussen versuchen (z. B. wird in einem Unternehmen von einer kleinen Gruppe Mitarbeiter gestreikt – die Fotos oder Fernsehaufnahmen werden aber so gestaltet, dass eine große Zahl von Streikenden dargestellt wird).

Weil Bilder immer bedeutsamer werden (Fernsehen, steigende Anzahl von Bildern in Zeitungen oder Visualisierung von Vorträgen mit Bildern), ist es wichtig, dass man Bilder sorgfältig analysiert (was erkenne ich auf dem Bild?) und interpretiert (was sagt das Bild aus, welcher Zweck wird damit verfolgt?). Deshalb muss man mit der Bildanalyse und Bildinterpretation vertraut sein. Sie können folgendermaßen aufgebaut sein:

Vorüberlegung: Angestrebtes Ziel der Betrachtung des Bildes

1. Ich betrachte das Bild, um mich zu informieren. Was ist wo? Was gehört wohin oder wozu?
   Mein Ziel ist es zu beobachten, ob ich mit meinem Wissen alles in diesem Bild verstehe.

   oder:
2. Ich will das Bild verstehen. Was drückt das Bild aus? Gibt es in diesem Bild Auffälligkeiten? Gibt es im Bild Widersprüche, die mir nicht klar sind?

   oder:
3. Ich brauche das Bild, um Hypothesen (Annahmen), die ich zu einer Fragestellung habe, mit Hilfe des Bildes zu bestätigen oder zu verwerfen. Bestätigt das Bild meine Annahmen? Gibt mir das Bild Antworten auf meine Annahmen?
   Je nach Zielsetzung werde ich das Bild etwas anders anschauen.

1. Schritt: Ich betrachte das Bild

Ich stelle mir folgende Fragen:

- Woher stammt dieses Bild? Handelt es sich um eine seriöse Quelle?
- Wann und unter welchen Umständen wurde dieses Bild aufgenommen?

2. Schritt: Ich beschreibe das Bild

- Was zeigt mir das Bild insgesamt?
- Kann ich etwas Spezielles oder Besonderes beobachten, das mir hilft, das Bild besser zu verstehen?

3. Schritt: Ich ordne die Ergebnisse meiner Bildbeschreibung

- Wie deute ich das Bild aufgrund meiner Beschreibung?
- Stimmt meine Deutung mit dem Titel des Bildes überein?
- Erkenne ich im Bild beeinflussende Absichten oder gar Manipulationen?

4. Schritt: Auswertung

- Erkenne ich, was mit dem Bild ausgesagt wird?
- Ist meine Deutung sachlich oder gehe ich von Vorurteilen oder vorgefassten Meinungen aus?
- Welchen Stellenwert hat das Bild für meine weiteren Überlegungen – wie beurteile ich das Bild, wenn ich mit anderen Leuten darüber spreche?

Anhang 9

Denkstrategie: Brainstorming

Mit dem Brainstorming sollen in einem Gruppengespräch zu einem Problem möglichst viele Lösungen gefunden werden (Ideen-Produktion). Es ist durch vier Merkmale charakterisiert:

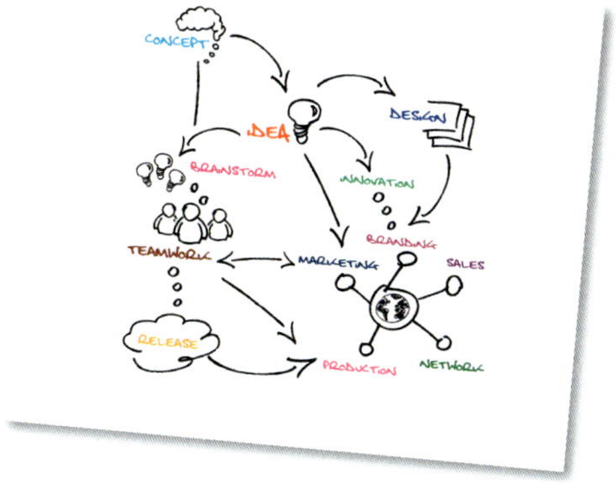

1. Herausgeschobene Beurteilung

In der ersten Phase werden nur Ideen eingeworfen, die weder diskutiert noch kritisiert werden, um den Ideenfluss nicht zu unterbrechen.

2. Tolerante Atmosphäre

Jede Idee, auch wenn sie noch so „verrückt“ ist, darf eingebracht werden.

3. Quantität kommt vor Qualität

Erwünscht ist eine möglichst große Zahl von Lösungsvorschlägen.

4. Ideen kombinieren

Die Gruppenmitglieder sollen Ideen und Vorschläge gegenseitig aufnehmen und weiter „spinnen“ (assoziieren).

Das Brainstorming läuft wie folgt ab:

1. Schritt:

Die Gruppe bestimmt eine moderierende Person, die nur dafür sorgt, dass das Gespräch immer vorangeht. Sie nimmt nicht Stellung, beurteilt und kritisiert nicht.

↓

2. Schritt:

Die moderierende Person stellt sicher, dass alle Teilnehmer das Problem gleichermaßen verstanden haben, und sie legt fest, wer die Ideen (Lösungsvorschläge) festhält (z. B. an der Wandtafel).

↓

3. Schritt:

Die Ideen (Lösungsvorschläge) werden spontan eingebracht (ohne Erklärungen).

↓

4. Schritt:

Am Ende des Ideenflusses werden die Ideen (Lösungsvorschläge) diskutiert.

Anhang 10

Denkstrategie: Kreativität (Morphologischer Kasten)

Der morphologische Kasten ist ein Hilfsmittel, um neue Ideen zu finden, indem die Suche systematisiert wird. Zu diesem Zweck werden Teilprobleme bestimmt (Parameter) und Teillösungen gesucht, um über Kombinationen neue Ideen zu finden.

Beispiel: Ein Hotelier möchte für sein traditionelles Hotel eine neue Strategie entwickeln. Dazu sucht er nach neuen Ideen.

1. Schritt:

Die Problemstellung ist möglichst genau zu umschreiben. Welche neuen Ideen könnte ich in meiner Strategie verwirklichen?

2. Schritt:

Bestimmen aller Teilprobleme (Parameter), die eine Gesamtlösung beeinflussen können. Diese Teilprobleme müssen voneinander unabhängig sein. Z. B. Freizeitangebot des Hotels, Abendunterhaltung.

3. Schritt:

Entwurf von Teillösungen (Ausprägungen) für die einzelnen Teilprobleme. Sie können in ihrer Zahl von Teilproblem zu Teilproblem unterschiedlich sein. Z. B. Freizeitangebot des Hotels: Keines, Gymnastikprogramme, Radtouren, Klettergarten, kulturelle Anlässe.

4. Schritt:

Alle Teillösungen (Ausprägungen) der Teilprobleme werden möglichst vielseitig kombiniert, um Alternativen für die Gesamtlösung zu finden. Diese Kombinationen müssen vorurteilsfrei gesucht werden. Gefunden werden Gesamtlösungen, indem die Teillösungen (Ausprägungen) miteinander verbunden werden.

5. Schritt:

Die gefundenen Gesamtlösungen sind zu bewerten, wozu Bewertungskriterien zu bestimmen sind. Z. B. Bedürfnisse der Hotelkunden in den nächsten Jahren.

Beispiel eines morphologischen Kastens

Problem: Ich suche Ideen für eine neue Strategie

Teilproblem (Parameter)	Teillösungen (Ausprägungen)				
Kategorie (Typ) des Hotels	Luxushotel	Familienhotel mit Kindern	Sporthotel	mittelständiges Hotel	
Ambiente des Hotels	gehobenes Milieu mit reichen Leuten	auf junge Gäste ausgerichtet	gehoben sportlich	einfach sportlich	gutbürgerlich
Verpflegung	Feinschmecker	gutbürgerlich	Bio	nur Frühstück	
Kinder im Hotel	kinderfreundlich	keine Kinder	Kinder als Ausnahme		
Freizeitangebot des Hotels	Sport im Hotel	Radtouren	Bergtouren	Kinderspielplatz	kulturelles Angebot
Abendprogramm für Gäste	Bar mit Tanz (täglich)	kulturelle Vorträge	Spieleabende	Tanzabende	
Abholdienst für Gäste	keiner	eigener Abholdienst	Kooperation mit Taxiunternehmen		

Anhang 11

Arbeitstechnik: Entwurf einer Disposition

Wenn Sie einen Aufsatz (oder Zeitungsartikel, Leserbrief für eine Zeitung) schreiben oder einen Vortrag (Rede) halten müssen, sollten Sie zuerst eine Disposition erstellen. In Worte verfasst entspricht sie einem Inhaltsverzeichnis. Sie kann aber teilweise auch in zeichnerischer Form als Skizze dargestellt werden.

Eine Disposition wird über folgende Schritte verfasst:

1. Schritt: Welches Ziel will ich mit dem Aufsatz oder dem Vortrag erreichen?

Ich mache mir dazu folgende Überlegungen:

- Wer sind die Leser (Zuhörer), welche Vorkenntnisse haben sie und was erwarten sie?
- Welche Schwerpunkte will ich setzen?
- Bei Vorträgen: Wie will ich visualisieren?
- Welchen Titel will ich setzen?

2. Schritt: Habe ich das notwendige Wissen und/oder muss ich mir zusätzliches Wissen verschaffen?

Das Wissen ist die grundlegende Voraussetzung für einen erfolgreichen Aufsatz oder Vortrag.

- Wo finde ich das notwendige Wissen?
- Was muss ich bei der Wissenserarbeitung genau lesen und was kann ich nur überfliegen (z. B. Einzelheiten, die für die Zielerreichung nicht bedeutsam sind)?

3. Schritt: Strukturieren, Disposition erstellen

Jetzt lege ich den Aufbau (Ablauf) meines Aufsatzes oder Vortrages fest. Dabei geht man meistens von folgender Struktur aus: Einleitung – Hauptteil – Schluss.

- Zunächst befasse ich mich nur mit dem Hauptteil, indem ich die Hauptaspekte (Ideen) in die richtige Reihenfolge bringe. Damit erhalte ich eine Grobdisposition.

Beispiel: Der Titel meines Vortrages ist: „Die Ordnungsmomente eines Unternehmens“.
Die Hauptaspekte sind:
- die Strategie
- die Struktur
- die Kultur

- Dann bestimme ich die Teilaspekte, mit denen ich jeden Hauptaspekt präzisieren will. Daraus entsteht die Feindisposition, die ich nummeriert oder in Form einer Skizze darstellen kann.

Beispiel mit Nummerierung

1. Die Strategie
1.1 Begriff
1.2 Entwicklung einer Strategie
1.3 Arten von Strategien

2. Die Struktur
2.1 Aufbauorganisation
2.1 Ablauforganisation

....

Beispiel einer Skizze mit Mind-Mapping

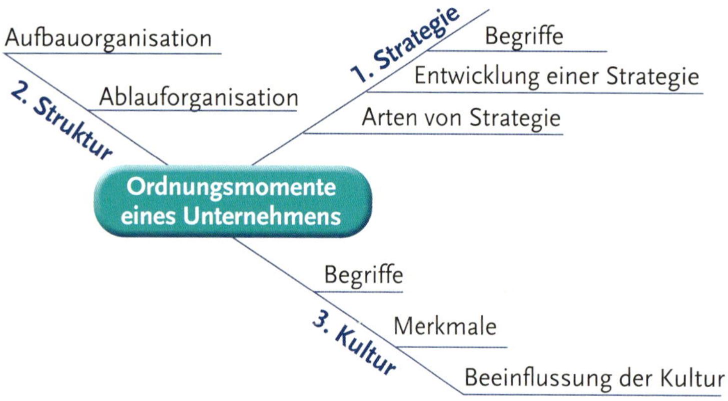

Mind-Mapping ist ein Verfahren zur visuellen Darstellung eines Themas. Man beginnt in der Mitte eines unlinierten Papiers mit der genauen Angabe des Themas und entwickelt von dort aus Linien für Hauptaspekte und die dazu gehörenden Teilaspekte.

- Liegt meine Feindisposition vor, frage ich mich, ob ich noch weiter verfeinern oder allenfalls kürzen muss.
- Schließlich überlege ich mir, welche Daten, Zitate usw. ich einbringen und in welcher Form ich sie visualisieren will.

4. Schritt: Einleitung und Schluss

Erst wenn ich die Disposition für den Hauptteil entworfen habe, überlege ich mir, wie ich den Einstieg und den Schluss gestalten will.

- Die Einleitung ist so zu gestalten, dass die Erwartungen der Lesenden (Hörenden) angesprochen werden und das Thema als interessant vorgestellt wird. Dabei soll vor allem bei Vorträgen die Einleitung nicht auf eine gerade bedeutsame Aktualität, die nichts mit dem zu behandelnden Thema zu tun hat, ausgerichtet sein, sondern die Thematik des Vortrags angesprochen werden. Auch aktuelle Hinweise sollen also in einer Beziehung zum Thema stehen.
- Die Einleitung soll zum Ziel des Aufsatzes oder Vortrags hinführen. Mit der Umschreibung des Ziels wird die Lese- oder Hörbereitschaft gesteigert.
- Am Ende ist jeweils eine auf wenige, wesentliche Punkte ausgerichtete Zusammenfassung zu geben. Sie stärkt das Behalten des Textes.

Anhang 12

Denkstrategie: Abwägen von Vorteilen und Nachteilen

1. Schritt:

Genaue Umschreibung der Fragestellung

Fragestellung:		
Kriterien	**Vorteile**	**Nachteile**
Entscheidung:		

2. Schritt:

Suchen nach Kriterien, um die Vorteile und Nachteile zu bestimmen

3. Schritt:

Wenn nötig: Suchen nach Fakten (Tatsachen), um zuverlässig abzuschätzen, ob ein Kriterium einen Vorteil oder Nachteil darstellt

4. Schritt:

Eigene Entscheidung

Anhang 13

Entwicklung eines Fragebogens (einige Hilfestellungen)

Bei der Erarbeitung eines Fragebogens sind wenigstens die folgenden drei Merkmale zu beachten:

1. Im Hinblick auf das Ziel? Welche Erkenntnisse soll die Befragung bringen?

Der Fragebogen ist strikt auf Fragen zum Ziel ausgerichtet. Es soll klar sein, welche Erkenntnisse gewonnen werden sollen.

2. Welche Form der Fragen soll gewählt werden?

- Offene Fragen, welche frei beantwortet werden können.
- Geschlossene Fragen, welche die Antworten vorgeben: Fertig formulierte Antworten mit „Ja – nein – weiss nicht", oder mit einer Frage für eine einzige Antwort (Auswahlfrage) oder mit mehreren Antwortmöglichkeiten (Aufzählungsfragen).

3. Welche Regeln sind für Fragen, die vorgelegt werden, zu beachten?

- Kurze und eindeutige Fragen ohne Wiederholung bei weiteren Fragen, die missverständlich sein können.
- Keine Suggestivfragen (Fragen, welche die Antworten beeinflussen).
- Keine hypothetischen Fragen (Fragen, welche ausschließlich auf Annahmen beruhen).
- Keine unbekannten Wörter (Fachwörter, Fremdwörter).
- Kurze und prägnante Fragen stellen.

Stichwortverzeichnis

N

O

P

Q

R

S

T

U

V

W

Z

Bildnachweis

Alle weiteren Bilder und Grafiken sind Eigentum der TRAUNER Verlag + Buchservice GmbH bzw. wurden von Bildagenturen zugekauft (shutterstock, stock.adobe.com).